岛隧工程

东西人工岛

沉管管节

海底沉管隧道

港珠澳大桥

西人工岛

隧道入口

东人工岛

海底隧道

沉管预制厂

沉管预制厂钢筋加工区

仓库超市化管理

现场 6S 标识

人工岛材料堆放区

人工岛主体建筑

隧道内材料堆放

预制厂厂区

隧道中管廊

房建内部

隧道管内

混凝土罐车

人工岛岛面

6S 管理培训

6S 学习宣贯

宣讲活动

班前会

交流学习

应急知识培训

劳保用品防护

现场安全标识

不安全我不干

海上逃生演练

施工现场 6S 管理实务

－黄维民　陈辉华　孟凡利　刘海青　杨绍斌　编著－

中国建筑工业出版社

图书在版编目（CIP）数据

施工现场 6S 管理实务 / 黄维民等编著 . — 北京：中国建筑
工业出版社，2020.7
ISBN 978-7-112-25189-6

Ⅰ . ①施… Ⅱ . ①黄… Ⅲ . ①跨海峡桥 — 桥梁工程 — 施
工现场 — 施工管理 Ⅳ . ① U448.19

中国版本图书馆 CIP 数据核字（2020）第 089640 号

本书介绍了 6S 管理起源与发展，结合施工现场特点和我国施工现场管理现状，分析了施工现场推行 6S 管理的必要性，明确以安全为核心的施工现场 6S 管理思路，构建了施工现场 6S 管理体系。详细阐述了施工现场整理、整顿、清扫、清洁、素养、安全管理的具体实施步骤及方法。以港珠澳大桥岛隧工程为典型案例，从沉管预制厂 6S 管理试点、全面推行 6S 管理、6S 管理实施效果三个方面展现了港珠澳大桥岛隧工程施工现场 6S 管理优秀做法。总结归纳了施工现场 6S 管理管理工具，包括标识标牌类、检查考核类和改善措施类。

本书内容全面，适应面广，具有较好的系统性和实用性，可作为施工现场管理人员推行 6S 管理的培训教材，或施工现场作业人员落实 6S 管理的指导用书，以期为我国重大工程建设施工现场管理提供借鉴和参考。

责任编辑：赵晓菲　张　磊　曹丹丹
责任校对：芦欣甜

施工现场6S管理实务

黄维民　陈辉华　孟凡利　刘海青　杨绍斌　编著

*

中国建筑工业出版社出版、发行（北京海淀三里河路9号）
各地新华书店、建筑书店经销
北京点击世代文化传媒有限公司制版
北京建筑工业印刷厂印刷

*

开本：787×1092毫米　1/16　印张：9¼　插页：4　字数：176千字
2020年8月第一版　2020年8月第一次印刷
定价：42.00 元
ISBN 978-7-112-25189-6
（35940）

《施工现场 6S 管理实务》
编委会

编委会主任：

黄维民　陈辉华　孟凡利　刘海青　杨绍斌

编委会成员（按姓氏笔画）：

王孟钧　王青娥　王　明　吕宏宇　江英杰

孙长树　李金峰　李德辉　杨永宏　杨　红

邱　云　张　奎　张　洪　张媛媛　陈立通

陈刚强　陈　聪　周子为　孟庆龙　赵露薇

胡君恬　聂四生　姬航磊　傅秀萍　靳　胜

樊建华

序

　　港珠澳大桥是集桥、岛、隧为一体的交通集群工程，港珠澳大桥岛隧工程是大桥的控制性工程，包括一条海底沉管隧道、两个海中人工岛及结合部非通航孔桥，由中国交通建设股份有限公司牵头组建设计施工总承包联合体承建。

　　沉管预制是岛隧工程的关键线路，为完成 33 节巨型沉管预制生产，岛隧项目在外海无人岛建造了一座两条现代化生产线的大型沉管预制工厂，传统的工地管理方法无法满足预制工厂管理的需要，这是当时迫切需要解决的管理难题。港珠澳大桥岛隧项目总经理部（以下简称"项目总经理部"）组织人员先后深入珠江三角洲大型工厂企业调研、观摩学习。经评估，广汽丰田汽车有限公司车间的 6S（整理 SEIRI、整顿SEITON、清扫 SEISO、清洁 SEIKETSU、素养 SHITSUKE、安全 SAFETY）管理方法适合引入沉管预制厂。为全范围推行 6S 管理，项目总经理部聘请教师组织了"6S与现场管理实务"的封闭式培训。随着推行 6S 管理，沉管预制厂施工生产逐步走上正轨，产品质量、生产效率明显提升，文明施工和安全生产成效显著。项目总经理部在总结形成管理制度后又将 6S 管理延伸至两个人工岛清水混凝土建筑群、岛面工程和隧道内每一作业区域，并在实践中赋予"工地工厂化、6S 工地化、现场标准化"6S 管理的新内涵。

　　现场 6S 管理从安全出发，通过人的活动改善现场环境，创造安全化的作业空间；而良好的环境又改变人，提高了作业人员的安全意识和行为素养。"人造环境""环境育人"，相互促进、循环提升，6S 管理不仅实现了施工现场规范化的安全环境，更让作业人员的安全行为和安全素养有了本质的提升。每一个螺栓都在它固定的位置，每一台车辆始终保持最佳状态，每一台设备始终保持一尘不染，科学的管理理念渗入到每一名员工、每一道工序、每一处工地，通过现场 6S 管理，真正实现了从"粗放式"到"精细化"转变，有效提升了现场安全管理水平，并培养出一支具有现代工业化生产规范意识和良好习惯的产业工人队伍。

　　本书由项目总经理部副总经理、安全总监黄维民牵头，组织施工一线管理人员和班组骨干联合中南大学，历时一年多编著完成。从建设高品质工程和大型建设工程精细化管理的需求出发，在系统梳理岛隧工程施工现场 6S 管理的实施流程、实施方法和实施工具的基础上，全面总结了将工厂 6S 管理导入施工现场，并在工程实践中赋予新内涵，探索新方法，构建施工现场 6S 管理体系的一些具体经验和做法，希望可以为大型基础设施工程建设现场管理提供借鉴。

在《施工现场 6S 管理实务》付梓之际，谨代表港珠澳大桥岛隧工程项目总经理部向所有坚守在施工现场七个春秋、认真践行 6S 管理的建设者表示感谢，向关心、支持港珠澳大桥岛隧工程建设的各级领导、各界人士表示感谢，向参与编撰辛勤付出的工作人员致以敬意。

二〇二〇年五月

V

目 录

— 第3篇　案例篇 —
——港珠澳大桥岛隧工程6S管理

— 第4篇　工具篇 —

第1篇 基础篇

6S 管理作为现代生产现场管理的一种理念和方法，其实质是对生产现场持续开展整理、整顿、清扫、清洁、素养和安全活动，营造干净、整洁、有序的生产环境，以环境育人促使素养养成，规范作业行为，提升作业人员素养，消除不安全因素，促进安全、质量、生产效率的全面提升。

本篇介绍 6S 管理起源与发展，结合施工现场特点和我国施工现场管理现状，阐述在施工现场推行 6S 管理的必要性；在分析 6S 管理各要素含义和 6S 管理原理基础上，明确以安全为核心的施工现场 6S 管理思路，构建施工现场 6S 管理体系。

第1章 施工现场6S管理导入

1.1 6S管理起源与发展

1.1.1 6S管理起源

6S管理源于日本5S管理，是5S管理的衍化和升级，因此，6S管理起源须从5S管理说起。5S是20世纪50年代起源于日本的一种独特的生产现场管理方法，可以对现代生产中的人、机、料、环等生产要素进行有效管理。1955年日本企业家提出"安全始于整理、整顿，终于整理、整顿"的2S管理口号，目的是为了确保现场作业整洁与安全。后来为了满足产品品质控制的需要，逐步增加了清洁、清扫、素养后3个S，即5S。20世纪80年代，5S管理理论逐渐成形，这一理论对制造业现场管理带来强大冲击，由此形成5S管理体系并风靡全世界。

5S是指整理（SEIRI）、整顿（SEITON）、清扫（SEISO）、清洁（SEIKETSU）、素养（SHITSUKE），开展以5S为内容的管理活动，即为5S管理。5S管理的精髓是人的规范化及物的明朗化，即通过改变人的思维方式、思想品质和行动方式，强化生产现场管理流程运作规范化，进而提高现场管理水平。

1.1.2 欧美6S管理发展

20世纪80年代中后期，5S管理被欧美企业逐渐吸纳，作为工厂管理的一种工具。欧美企业推行5S管理并非生搬硬套，而是在5S管理原有属性基础上进行改进与优化。结合企业自身特点和安全生产要求，增加安全元素并赋予其新的内涵，形成了新的6S，简称6S作战，如表1-1所示。

欧美6S作战

表 1-1

6S的项目	具体说明
Sort（分类）	区分要与不要的东西，并将不要的东西清除掉
Straighten（定位）	将需要的东西合理放置，以便取用
Scrub（刷洗）	清除垃圾和污物
Systematize（制度化）	使日常工作及检查工作成为制度

续表

6S 的项目	具体说明
Standardize（标准化）	将上面四个步骤标准化，使活动得以推行
Safety（安全）	一切工作以安全为前提

波音公司在美国华盛顿焊管厂推行 6S 管理。作业人员保养设备并使各处干净整齐，每件物品均有标记，甚至包括衣服挂钩。每个班组都挂有宣传 6S 管理的牌子，并用照片指出正确和不正确的操作方式。最初，工人对 6S 实施持反对意见，他们认为"这不是我的工作，我只管制造零件"。但由于实施 6S 管理取得了良好成效，工人态度开始转变，主动遵守并执行 6S 管理中各项标准、制度，促使工厂成为整齐有序的典范。

6S 管理虽不是企业管理的万能钥匙，却是一种高效的现场管理模式。随着社会的发展，人们对工作环境、作业标准的要求也在不断变化，6S 管理的意义必然会发生改变。一流的产品，只有在整洁有序的现场环境、安全高效的生产秩序中才能生产出来，而 6S 管理正是创造这种现场环境、生产秩序的有力支撑。

1.1.3　我国 6S 管理发展

20 世纪 80 年代，日本 5S 管理逐渐被引入中国企业。由于每个企业运营状况、管理水平及员工整体素质等不同，5S 管理在实施过程中遇到了较大困难，有的企业在实施一段时间后就逐渐放弃，但也有一些企业坚持不断创新和持续改进，最终获得了成功。海尔集团是国内最早引进 5S 管理的企业之一，在学习和实践 5S 管理过程中，结合自身情况新增了一个"S"，即安全（SAFETY），构成了目前的 6S 管理。

6S 管理是卓有成效的生产现场管理方法，可应用于各行各业的生产现场管理：不仅可以解决生产现场各种不良现象和问题，而且可以帮助企业培养出一支高水准、高素养的团队。目前 6S 管理不再局限于制造业的生产现场管理，我国建筑企业也在不断探索，将 6S 管理运用到施工现场，以提升施工现场管理水平，保障施工现场安全。

1.2　施工现场特点及管理现状

施工现场是指从事土木建筑工程的新建、扩建、改建等有关活动，经批准占用的施工场地，包括陆地、海上及空中的一切能够进行施工作业的区域。建设工程施工受作业环境、施工工艺方法、材料设备、工程进度、人员流动等因素影响，施工现场特点突出，管理复杂，容易发生安全事故。

1.2.1 施工现场特点

建设工程施工现场和工厂车间虽然同属于生产现场，但二者在诸多方面有着本质差异。识别和对比分析施工现场与工厂车间之间的异同，有助于加强对施工现场推行 6S 管理必要性和可行性的认识。施工现场与工厂车间特点对比见表 1-2。

施工现场与工厂车间特点对比 表 1-2

对比要素	施工现场	工厂车间
作业环境	相对流动开放，多露天、室外工作，条件艰苦，工作流动性大，受外界环境影响大	固定封闭，多室内流水线作业，生产环境相对较好，工作岗位相对固定，受外界环境影响小
作业特点	作业周期长，工序复杂且立体交叉多；不同的施工环境，作业条件不同；人员需求大且流动性强，标准化作业方法难以形成和推广	工作重复性和机械化程度高，标准化方法易于掌握和熟练，标准化推广易执行
物料使用	材料使用规格、尺寸差异大，使用分散，消耗大，存在浪费	原材料尺寸固定，使用集中，回收率高，浪费程度低
生产管理	施工环节多、过程长；经验标准形成周期久，可复制性差；作业人员素质参差不齐，生产管理工作面广，管理难度大	管理较易，可在短期内形成管理经验和标准，经验及标准推广、可复制性强；生产在流水线上完成，不同工序不同生产地点
产品特点	工程产品规模大，单件性鲜明，生产周期长，最终成品固定；集各类设备、功能于一体，施工工艺复杂，现场协作化要求高，质量管控难度大	产品生产周期较短，质量控制和检查相对较易
安全作业	危险源分散、多变，受外界环境影响大，安全隐患隐蔽性强，安全管理难度大	风险源集中、固定，易辨识，可控程度高

1.2.2 施工现场管理现状

施工现场环境复杂多变，劳动力密集，涉及众多材料、机械设备等，如果现场管理不到位，就会存在诸多问题，从现场要素来看存在的主要问题见表 1-3。

施工现场管理存在的主要问题 表 1-3

序号	现场要素	存在的问题
1	现场环境	①材料堆放散乱，施工设备、工器具随意放置； ②垃圾、废弃物随处可见，积水、积尘； ③作业交叉，未进行合理的区域规划，通道堵塞； ④现场杂乱无序，安全生产隐患巨大
2	作业人员	①现场作业人员素质参差不齐，班组间协调配合不顺畅； ②违反劳动纪律、习惯性违章频现，存在"人的不安全行为"
3	材料物资	①材料物资存储缺乏合理规划，管理松散； ②材料物资未按需领用，使用随意，损耗和浪费普遍

续表

序号	现场要素	存在的问题
4	机械设备、工器具	①机械设备随意停放，影响通行和安全； ②机械设备、设施疏于维护保养，安全隐患多，影响施工正常进行； ③工器具管理不到位，使用者皆可操作； ④工器具使用完毕未及时保养、维护，耗损严重

1.3 施工现场 6S 管理的必要性

随着我国建筑业转型持续深入，国家对工程建设领域的安全生产管理更加重视，社会发展以及人民群众对美好生活的向往对安全生产也提出了更高要求。企业谋求高质量的发展，必须强化安全生产，尽可能杜绝安全事故。因此，必须探索一种适用于工程施工现场管理的有效方法，改进现场管理，促进安全生产。基于 6S 管理的内涵，本书结合上述施工现场特点和管理现状的分析，将 6S 管理作为现场管理的有效方法，通过整理、整顿、清扫、清洁、素养和安全这 6 个 "S" 的全面推行，对施工现场的人、机、料、环等要素进行有效管理，并持续改进，使得施工现场标准化管理不断加强和深化，施工现场管理水平不断提升，以更好地保障施工现场的安全。

1.3.1 施工现场 6S 管理是标准化管理的深化

施工现场 6S 管理强调作业标准化，并养成遵照标准做事的工作习惯，以保证工程品质、消除安全隐患，可以说 6S 管理是标准化管理的深化和有机组成部分。

施工现场 6S 管理与标准化管理有着众多相通之处，相互依托，相互渗透。一方面，施工现场 6S 管理可以作为推动标准化管理的工具，能够加速推动标准化管理的全面实施；另一方面，标准化管理为施工现场 6S 管理推行提供生存的土壤。而施工现场标准化管理，可以 6S 管理为手段，通过 6S 管理活动的实施将标准化管理理论和实操深入落实到施工的每一个环节，实现现场标准化管理的深化。

1.3.2 施工现场 6S 管理是实现现场安全的重要保障

安全是工程平稳建设的前提和重要决定因素，是施工生产的基本要求，脱离安全一切成果都将失去意义。施工现场 6S 管理通过改善环境，创造安全化作业的空间，通过素养的提升强化生产者的安全意识，这种 "外" 与 "内" 的结合可以最大程度消除潜在的安全隐患，保障安全。

1.3.3 施工现场 6S 管理是提高现场管理水平的有效途径

为提高施工现场管理水平，各行业和各地区相继提出现场管理新模式和新方法，如标准化管理、精益生产现场管理、目视管理、看板管理等，与现有的众多现场管理方法相比，6S 管理最大的特点是激发现场生产者的责任意识和创造意识。通过主动改造环境促进良好习惯的养成，在潜移默化中逐步提升工人素养，变标准的被动执行为主动遵守，变施工任务的被动完成为主动创造，在全体参与者素养提升的基础上实现更高水平的现场管理。

具体来讲，施工现场 6S 管理的重要作用和功能见表 1-4。

施工现场 6S 管理的重要作用 表 1-4

序号	作用	具体说明
1	改善施工现场环境	①能使现场区域划分科学，物料堆放整齐，机械设备停放有序，工器具存放整齐，废弃物处理及时； ②能使施工现场环境改善和场容全面改观
2	提高施工生产效益	①减少施工作业过程中人员、时间、场所的浪费； ②降低现场施工生产成本，推动工作效率全面提升
3	提升工程产品品质	①注重生产过程细节管理，对产品品质精益求精； ②作业过程科学规范，工程施工质量自然有保障
4	培育作业人员素养	①能规范作业人员行为，使其自觉按章作业； ②使作业人员养成自律精神，培育高素质产业工人
5	强化现场施工安全	①强化作业人员安全意识，使之自觉遵守安全作业规程； ②针对安全进行有效管理，确保现场各项安全保障措施落实到位

第 2 章　施工现场 6S 管理体系

2.1　施工现场 6S 管理内涵

在 6S 管理从工厂向建设工程施工现场推行过程中，根据 6S 管理理念、施工现场特点和行业发展趋势，形成了 6S 管理应用于施工现场管理的崭新内涵，即工地工厂化、6S 工地化、现场标准化，为施工现场推行 6S 管理找到立足点和契机。工地工厂化是理念，6S 工地化是内核，现场标准化是手段。

2.1.1　工地工厂化

工地工厂化一直以来是建设工程行业积极探索的方向，但工程施工不同于工厂固定流水线生产和相对定型产品。工程项目自身的一次性、施工生产过程的流动性，以及建设过程的立体交叉、露天作业、大量机械设备及人员投入等特点，决定了施工现场很难直接照搬工厂生产模式组织施工，在施工现场开展 6S 管理必须结合施工现场的特点，重新定义工厂化的概念。基于对工程项目施工系统分析和仔细研究，结合装配式建筑的发展，将工地工厂化定义为：在建设工程施工过程中，尽可能采取工厂化预制生产和拼装加工；对于不能工厂预制生产和拼装加工的，在施工过程中实行工地工厂化管理。

（1）推广工厂化预制生产：指采用构配件定型生产的装配施工方式，即按照统一标准定型设计，在工厂内批量生产各种构件，运至施工场地，在现场以机械化方法装配辅以有关工程工艺构成建筑物的施工方式。工厂化预制生产作业可借鉴工厂 6S 管理理论和经验，开展相应的 6S 管理。

（2）打造工厂化工地：指实行工地工厂化管理，将不能工厂化预制的现场生产环节，在施工现场参照工厂组织生产和管理。即在施工作业的动态活动中融入 6S 管理要求，打造出接近工厂的环境，按照工厂生产要求规范化施工，采用流程化、工序化的作业方式进行作业和管理。通过现场 6S 管理，确保施工现场整齐有序、标准规范，打造工厂化的施工现场。

2.1.2 6S 工地化

施工现场 6S 管理不是独立于安全文明施工之外新的管理理念或方法，而是实现更高程度文明生产的管理方法，是施工现场管理方式的创新。6S 工地化即是将原本应用于工厂的 6S 管理理念和方法融入施工现场日常管理中，并进行一定程度的适应性改造，通过硬件支撑，辅助性设备设施和标准化识别系统等在施工现场实施 6S 管理，使之更加满足施工现场需要，服务施工现场管理。

在施工现场管理实践过程中，通过不断总结和提升，探索出适合施工现场的 6S 管理方法，以安全为中心，以整理、整顿、清扫、清洁为基本手段，通过环境改善实现现场作业人员素养提升，通过进一步提升现场作业人员的素养，使 6S 管理彻底融入施工现场，实现 6S 工地化。

2.1.3 现场标准化

现场标准化是在开展 6S 管理基础上，形成的施工现场 6S 管理标准化做法和经验，将其在相同或相似生产管理模块内进行复制，实现建设工程施工现场管理从粗放到制度化、规范化、标准化的方式转变。

现场标准化既是 6S 管理追求的目标，也是提升现场管理水平、保障现场生产安全、提高工程质量和生产效率的必要手段。在实施过程中，通过制定、发布和实施现场 6S 标准化要求，以实施施工现场管理标准化为基础，整合现场资源，建立有效的预防与持续改进机制，全面改革现场管理方式和施工组织方式，提高施工现场管理水平，实现 6S 管理下的标准化。

2.2 施工现场 6S 管理要素构成及关系

2.2.1 施工现场 6S 管理要素的构成

6S 管理由 6 个"S"构成，具体是指整理（SEIRI）、整顿（SETION）、清扫（SEISO）、清洁（SEIKETSU）、素养（SHITSUKE）、安全（SAFETY）。施工现场 6S 管理的构成要素及其基本含义见表 2-1。

6S 构成要素及其基本含义　　　　　　　　　表 2-1

构成要素	基本含义	精要
整理	根据当前施工实际及总体计划，针对一定计划周期内的现场材料、机械设备、工器具等进行区分，仅留下必需品，定期处置非必需品，现场不得放置非必需品	要与不要，一留一弃

续表

构成要素	基本含义	精要
整顿	根据总体施工计划和场地规划，结合施工作业特点和当前工程进度实际需要，对施工作业现场场地进行划分，合理布局材料堆放、临时建筑物、构筑物和其他设施及施工作业区域，定位必需品，明确数量并标示准确，确保区域划分的安全性和合理性，减少施工材料、用具的取用时间	合理定制，取用方便
清扫	结合当前施工作业特点，执行清扫活动，做到工完场清、工完料清，及时保养设备设施、工器具，保持施工作业现场无垃圾、无废弃物，干净整洁，降低安全隐患	清污扫废，美化环境
清洁	将施工现场整理、整顿、清扫活动进行到底，维持施工场前 3S 实施成果，并将其制度化、标准化，落实 6S 管理基本活动	洁净环境，贯彻到底
素养	以环境的改善促进素养提升，引导现场人员养成良好的工作习惯和职业素养，使之自觉地遵守规章制度，培育自律和主人翁精神	提升素质，养成习惯
安全	通过前述各 S 的开展，以环境改善、素养提升为基础，进而高标准地执行各项安全管理制度、规范作业，将现场可能会造成安全事故的危险源予以有效排除和预防，在前 5S 活动基础上安全化作业	消除隐患，保障安全

2.2.2　施工现场 6S 管理要素关系

6S 管理各构成要素彼此相互关联、相互促进。施工现场 6S 管理围绕"安全"这个核心，整理、整顿、清扫、清洁活动的"人造环境"，注重的是消除"物的不安全状态"；清洁和素养环节的"环境育人"，则更加强调制度的建立和对行为的规范、引导，消除"人的不安全行为"。

1. 整理

整理是 6S 工作的起点。通过整理，施工现场只留下当期施工作业必需品，最大限度清除非必需品，消除非必需品带来的安全隐患，形成整顿活动的实施基础。

2. 整顿

整顿是在整理基础上，对留下来的有用品进行处置，对施工现场场地进行全面规划，并做好标识，确保现场大型临时设施与施工区位置适宜、流动机械设备及材料物品"安全、易取、易放、易管"、施工作业区域整齐有序、施工通道安全通畅，为清扫活动开展创造条件。

3. 清扫

清扫是对前期整理、整顿环节成果进一步巩固和对不合理、不到位工作进一步深化，消除现场的脏污，对污染源、危险源和困难源进行仔细排查，是一个持续检查消缺的过程。通过前 3S 的实施，促使作业人员主动改造现场环境，施工现场将初步形成一个整齐有序、卫生整洁、没有显性安全风险和隐患的作业环境，为后续清洁、素养和安全活动实施创造环境基础。

4. 清洁

清洁是将前 3S 成果标准化、规范化，并贯彻执行及维持成果。通过清洁活动实现"人造环境"，彻底改善施工现场环境，消除安全隐患；同时，清洁是施工现场作业人员素养养成与提升的基础，也为后续施工现场安全的管控和保障形成制度和规范基础。

5. 素养

通过整理、整顿和清扫活动形成整齐良好的作业环境并产生潜移默化的影响；通过清洁活动形成制度约束，促进习惯养成，培育作业人员的职业素养和自律精神。素养基于"环境育人"而形成，并反过来推动其他 5 个 S 的实施。作业人员素质和修养每提高一点，对安全就多一份保障。前 4S 是素养形成的基础，素养又是后续安全进一步落实的关键。

6. 安全

安全是施工现场 6S 管理的核心和最终目标，安全的实现基于前 5S 的全面开展。前 5 个 S 的实施促进施工现场环境改善和作业人员素养提升，并与第 6 个 S（安全）的实施共同保障施工现场安全。

施工现场 6S 管理的 6 个要素是相互关联和作用的有机整体，通过对环境的改善和员工素养的提升，使保障安全成为现场所有作业人员的主动行为，实现安全化生产。在推行 6S 管理时务必将其作为一个系统，整体实施、共同推行。

2.3　以安全为核心的施工现场 6S 管理原理与思路

施工现场作业环境复杂、安全问题突出，与工厂车间 6S 管理相比更强调安全。因此，在施工现场推行 6S 管理，应明晰以安全为核心的 6S 管理原理。

2.3.1　施工现场 6S 管理原理

施工现场 6S 管理以安全为核心，遵循 PDCA 基本原理，通过"环境改善、素养提升"的螺旋循环和持续提升，实现现场标准化和高度安全。施工现场 6S 管理 PDCA 循环和提升过程如图 2-1 所示。

施工现场 6S 管理实施初期，应确立 6S 管理整体目标和各"S"的具体目标，项目管理人员依据管理目标形成 6S 管理愿景。在目标和愿景的指引下，制定 6S 实施方案，开展持续的培训和教育，宣贯现场 6S 管理要求，指导 6S 管理实施。通过培训、实施、检查和改进，不断优化施工现场 6S 管理举措，确保 6S 管理整体推行符合施工现场实际需要；通过环境的改善促进素养的提升，在素养全面提升的基础上进一步强化现场安全，确保 6S 管理在施工现场得到全面有效的实施，实现 6S 管理目标和本质安全。

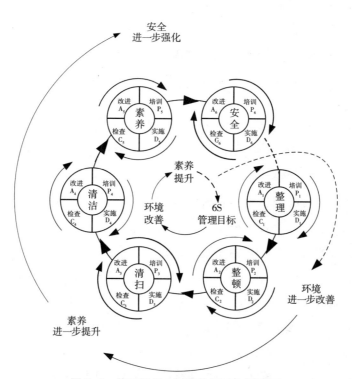

图 2-1 施工现场 6S 管理 PDCA 循环图

2.3.2 施工现场 6S 管理思路

施工现场推行 6S 管理过程中需明确"人造环境、环境育人"的思想,制定"一个中心,两种手段,四大要素"的推行思路,如图 2-2 所示。

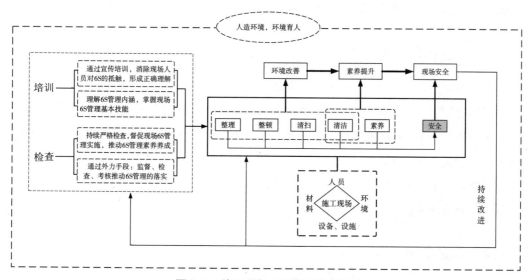

图 2-2 施工现场 6S 管理思路框图

（1）"一个中心"：是指建设工程施工现场，特别是大型建设工程或施工安全环境复杂的施工现场，在推行 6S 管理过程中以确保现场安全为中心，通过开展 6S 管理活动，规范作业行为，改善现场作业环境和作业条件，消除不安全因素，提升现场安全保障水平。

（2）"两种手段"：是指施工现场推行 6S 管理过程中以持续教育培训和不断深入检查为主要实施手段。针对工地工序复杂、多变及频繁交叉、作业区域不固定和人员流动性大等特点，持续开展教育培训，消除现场工人的抵触情绪，使管理和作业人员切实理解 6S 管理的重要作用，掌握 6S 管理技能，形成 6S 管理作业习惯。同时通过不断深入的检查，敦促 6S 管理执行，发现实施过程中存在的问题，规范 6S 管理活动、改进优化 6S 管理的实施，实现 6S 管理工地化。

（3）"四大要素"：是指施工现场 6S 管理的主要对象，即施工现场的人员、材料、机械设备和包括各种临时建筑物、构筑物和其他设施在内的现场环境。6S 管理首先要明确对象，围绕 4 大要素开展 6S 管理活动、执行 6S 管理具体要求。根据不同对象和对象所处的不同状态，针对性地部署实施方法和实施流程，确保 6S 管理在具体实施过程中对象明确、管理有方、有的放矢，实现施工现场管理标准化。

2.4 施工现场 6S 管理实施要点

施工现场推行 6S 管理难于一蹴而就，需要结合项目现场实际情况，设定现场 6S 管理目标，成立 6S 管理推行组织，开展广泛宣传培训，强化 6S 管理推行过程中的检查考核，并持续改进优化。为促使 6S 管理能得到长久有效实施，还需将 6S 管理与日常管理相结合，围绕施工现场管理要素，深入持续地贯彻落实。

2.4.1 成立推行机构

推行 6S 管理之初，应成立由项目部领导班子、安全总监及施工生产负责人等组成的 6S 管理机构，以班组建设为基础，建立从上到下的 6S 管理组织体系。6S 管理机构是施工现场推行 6S 管理的主体，肩负着施工现场 6S 管理策划、实施和后续监督、改进等任务，负责在施工现场推行 6S 管理指导工作。领导对 6S 管理作用的理解、宣贯、表率及坚持，对推行 6S 管理十分关键，"头雁"效应非常突出。推行机构工作开展的好与坏，直接决定施工现场推行 6S 管理的成功与否。

2.4.2 制定实施方案

在开展 6S 管理前期，为便于 6S 管理的整体推行和实施，需根据工程项目特点和项目现场管理需求，制定符合现场实际的 6S 管理实施方案。明确推行目标、推行措施及实施要点等，为施工现场 6S 管理指明方向，描绘好施工现场 6S 管理蓝图，逐步稳定推行。

2.4.3 开展宣传培训

施工现场 6S 管理是一种新的管理手段和方法，在推行时，由项目部领导亲自督促宣传和部署，通过开展广泛的宣传和教育培训，普及 6S 管理基础知识，使项目管理人员和作业人员能够深刻理解 6S 管理的重要作用和意义，掌握 6S 管理初步技能和要领，消除现场人员对新管理方法的疑虑和阻力。

2.4.4 围绕现场要素

施工现场影响安全的因素是随工程形象进度、材料的进出场、设备设施的调整、人员的流动、季节性气候、施工工艺方法等变化而不断变化，施工现场的变化集中体现在人员、材料、机械设备和环境这四大因素的变化。因此，在施工现场推行 6S 管理必须紧紧密切关注上述四大要素的状态变化，根据工程进展所处不同阶段，不断调整 6S 管理的重点、方法和流程，以确保 6S 管理要求符合施工现场需求。

2.4.5 实行试点先行

施工现场 6S 管理缺少在大型工程实施和推行经验，且不同项目差异较大，在实施过程中可按照"试点先行、以点带面、稳步推行"的原则开展 6S 管理。结合具体项目特点，选取具备条件的施工区域率先实施 6S 管理，通过试点发现存在的问题，优化实施方法，总结成功经验，为项目整体推广 6S 管理树立样板和典范。

2.4.6 融入日常管理

6S 管理不是额外工作，将 6S 管理融入施工现场日常管理是推行 6S 管理的有效途径。在推行过程中，以作业班组为基础执行单元，将 6S 管理要求纳入现场日常施工作业过程；现场人员根据原工作分工承担相应的 6S 管理职责，按 6S 管理要求作业，并通过制定"工完料清""工完场清"等日常 6S 管理基本制度，敦促现场作业人员做到 6S 管理的日事日毕。

2.4.7 持续改进优化

为确保 6S 管理得到有效贯彻和落实，可建立针对 6S 管理的检查考核办法和改进优化机制，将 6S 管理检查考核与项目常规检查相结合，开展持续的检查考核评比。通过检查考核发现 6S 管理推行过程中存在的问题，同时伴以持续的改进和优化，对现场 6S 管理的实施方案、实施要点进行不断的调整和改进，寻找符合项目实际的 6S 管理模式，确保 6S 管理在施工现场推行的生命力和活力。

第2篇 实务篇

　　施工现场推行 6S 管理需结合项目现场实际，本篇依托于港珠澳大桥岛隧工程实践，详细介绍了施工现场 6S 管理的具体实施步骤及过程，主要包括 6 个方面：整理、整顿、清扫、清洁、素养、安全。

　　整理、整顿、清扫的目的是在施工现场营造良好的作业环境，是"人造环境"的基础；清洁是将前 3S 成果标准化和规范化，实现"人造环境"，又是人员素养养成的基础；素养促进人员素质和修养的提升，实现"环境育人"，是保障施工现场安全的关键；安全是消除安全隐患，提供安全保障，实现工程本质安全。通过贯彻落实 6S 活动，可实现现场人员主动改造环境以形成内在约束和自我管理，这对于提升施工现场管理水平具有重要意义。

第3章 整理：要与不要，一留一弃

整理（SEIRI）是指将现场所有物资材料、机械设备及工器具等按照必需品和非必需品进行分类，对必需品保留、非必需品进行处理的活动。整理的完备程度不仅影响场地规划合理性、物资材料堆放、人员施工效率、机械设备利用效率，且决定了后续5个S能否有序进行。

3.1 整理的对象

施工现场6S管理是围绕人、机、料、环4大要素开展活动，那么整理的对象就包括场地环境、人员、机械设备、材料、临时设施等，见表3-1，其中场地环境是整理的关键对象。

整理对象表
表 3-1

要素	对象
场地环境	办公区、生活区、模板加工区、材料加工区、机械摆放区、设备作业区；机修车间、预制场、混凝土搅拌站；楼梯、油库、电梯升降口、施工道路、材料库房、骨料仓；应急物资仓库等
人员	现场管理人员、作业人员（机修工、钢筋工、木工、混凝土工、电焊工、电工、普工、架子工等）、后勤辅助人员、清洁工等人员的安全帽、工作服、工牌、防护罩、手电筒等
材料	水泥、钢筋、砂石料；木材、木制品；混凝土拌合料、金属材料、线缆；模板、脚手架等周转材料；成品或半成品预制构件等
机械设备	自卸汽车、洒水车、挖掘机、推土机、空压机、喷锚机；起重、吊装机械，冲击钻、电焊机、手提锯、切割机；电气设备和高压变电系统；平板振捣器、钢筋弯曲机、钢筋切割机、钢筋调直机、压浆泵；配电箱、开关箱、照明设备、搅拌站等

3.1.1 场地环境

根据施工场地规划要求，所要整理的场地环境主要包括：

（1）办公区、生活区、施工区；

（2）专门的材料堆放场地、材料加工场地、机械设备停放区、施工便道，机械设备进退场线路、应急物资仓库等；

（3）现场余料、废料堆放区等。

港珠澳大桥西人工岛阶段性区域规划图很好地展现了场地总体布置情况，如图3-1

所示。

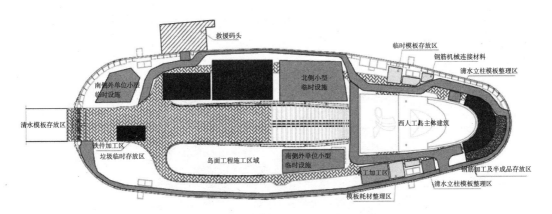

图 3-1　港珠澳大桥西人工岛阶段性区域规划图

3.1.2　人员

针对人员的整理主要包括以下两点：

（1）个人安全防护用品，包括安全帽、安全带、工作服、工作鞋、防尘口罩、工作牌等，如图 3-2 所示；

（2）工作场所、办公室、宿舍物品，包括桌椅及其他个人生活用品等，如图 3-3 所示。

图 3-2　人员宿舍整理

图 3-3　宿舍标准化整理

3.1.3　机械设备及工器具

（1）固定设备，如钢筋加工机械的安全防护装置、接地接零整齐、电力线路布置、多余电缆圈挂。

（2）流动机械，如路面工程中使用的摊铺机、压路机、铲车、推土机、混凝土罐车、砂石料车、铲车等。

（3）木工、电工等相应的加工机械和工器具，如圆盘锯。

（4）大型机械设备合理布局，与人员作业岗位相匹配，保持"设备有空位、岗位配设备"的合理状态。

（5）小型工器具，如灰斗车、滑车、滑轮、千斤顶、人字梯、消防栓等，港珠澳大桥岛隧工程所整理的拖泵放置如图3-4所示。

图 3-4　拖泵放置

3.1.4　物料

（1）钢筋、水泥、砂浆、周转材料等物料，按照特性和用途进行整理。

（2）施工过程中产生的过剩材料、残余废料，如钢筋头、试块、碎木方、砂石料、模板等，将这些材料废料及时整理、清除，留给作业人员更多作业空间。施工现场试块整理效果如图3-5所示，钢筋加工厂整理效果如图3-6所示。

图 3-5　试块整理

图 3-6　钢筋整理

3.1.5　临时设施

施工现场临时设施是指施工企业为保证施工和管理的顺利进行而建造的各种简易设施，包括：

（1）施工用地范围内施工、生活用各种道路及围墙；

（2）项目行政管理用房、宿舍、文化娱乐生活建筑或用房，包括办公室、会议室、生活区宿舍、娱乐室、医疗室、食堂、料具室、门卫室等；

（3）施工区内的粉料罐、简易料库、作业棚、试验室、拌合站、生产垃圾站、塔式起重机基础等；

（4）各种材料加工厂及机械设备操作棚等，各种建筑材料、半成品、构件的仓库和设备堆场、取土弃土场；

（5）施工或生活用水、用电、动力、供暖、通风等设施；

（6）为保证文明施工、现场安全、消防和环境保护等工作顺利开展所搭建的必要的其他临时设施。

港珠澳大桥岛隧工程所整理的搅拌站如图 3-7 所示、安全防护栏如图 3-8 所示。

图 3-7　搅拌站

图 3-8　安全防护栏

3.2　整理的作用

根据整理的对象，整理的作用包括以下五个方面，如图 3-9 所示。

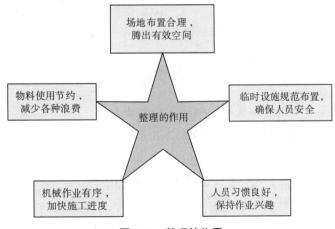

图 3-9　整理的作用

3.2.1 场地布置合理，腾出有效空间

根据现场平面布置图，合理布置施工场地，通过整理确保现场无杂物，保证施工通道通畅，减少磕碰的发生，缩短二次搬运时间，改善施工作业环境和增加作业区域空间。建立能够满足施工要求的供水、排水、供电、道路及临时建筑等基础设施，从而使施工中所要求的必要条件得到充分的满足。

3.2.2 人员习惯良好，保持作业兴趣

通过整理，作业人员养成良好的生活、工作习惯，保持良好的精神面貌。在施工作业时，清爽的施工作业环境能够使作业人员保持较高的作业情绪，充分发挥作业人员积极性，有效提高施工效率。

3.2.3 机械作业有序，加快施工进度

根据设备进场计划，机械设备有序进场施工，通过整理，可以杜绝非必要的机械设备进入施工现场，避免因多余设备的占地出现窝工现象。对工器具等进行整理，清理出存在质量问题和多余的工器具等，作业人员使用后及时把工器具归位，有序加快施工进度。

3.2.4 物料使用节约，减少各种浪费

严格控制物料使用，材料的领用实行限额领料制度，杜绝施工班组或相关人员随意领取材料，想要什么就领什么、想到什么就领什么、怎么方便自己就怎么领。物料管理员应根据工程进度、用料计划推算每天的材料用量，避免因为物料领用过多在施工现场产生堆积现象，影响施工作业环境。防止物料反复领用，造成材料浪费，做到节约用量。同时，对施工完毕后的余料进行回收。

3.2.5 临时设施规范布置，确保人员安全

确保临时用水、用电不受影响，临时道路畅通无阻。消防通道及逃生通道无障碍物阻挡，一旦发生火灾，消防人员及现场人员能够快速通过和撤离，保障人身安全。临时设施内应统一配置清扫工具、照明、消防等必要的辅助设施，并加强日常整理。办公区、生活区空间布置合理，防火间距符合建设要求。区域内用电设置独立的漏电、短路保护设施和足够数量的安全插座，明线必须套管，不允许私自乱接线路。

3.3　整理的步骤

施工现场整理工作包括 5 个步骤：做好规划、划分区域、确定责任人、区分"要"与"不要"、循环实施，其实施流程如图 3-10 所示。

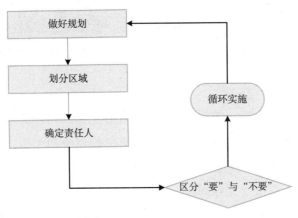

图 3-10　整理的实施流程

3.3.1　做好规划

（1）整理前统筹兼顾做好场地规划，充分考虑施工场地布置的合理性，对征地拆迁、便道便桥、供水供电、各类管线等情况进行深入调查。

（2）进行场地规划时，遵循交通便利，尽量靠近公路的原则，以缩短引入线。

（3）物资存放场、材料加工场、临时用地等需统一规划，靠近现场。

（4）施工现场与办公区、生活区等临时设施要保持安全距离，不受施工影响，通信畅顺。

（5）根据机械、材料的需求计划，做好机械进场和材料储存的规划。

3.3.2　划分区域

施工前按照项目施工总平面布置图划分好施工区域和物料堆放区域，按照施工任务做好施工队伍的需求计划，确定每个施工队伍的场地位置，对机械设备、物料进行区域划分和合理摆放，大型机械在非作业时间，停放在指定位置；中小型机械在施工间歇期停放在施工现场临时停放区，任务完成后，全部统一停放在指定区域。要求施工区域划分清晰，易于整理，一旦发生异常情况，现场人员能够及时处理，不仅提高施工效率，也保证施工安全。整齐划一的钢筋加工场材料存放区，如图 3-11 和图 3-12 所示。

图 3-11　钢筋笼存放区

图 3-12　半成品钢筋存放区

3.3.3　确定负责人

（1）层层落实责任，项目经理部根据施工作业工序，划分班组区域，明确班组长为班组区域责任人，负责区域内人、机、料、环的统筹整理工作，并进一步明确班组内每个作业人员的整理内容，督促和检查整理效果。

（2）当存在多支队伍交叉作业时，明确委任一个关键工序班组长为主要负责人，其余工序班组长为次要负责人；项目经理部统筹规划和协调区域内各班组的整理工作，主要负责人负责督促和检查，次要负责人配合主要负责人开展整理工作。

（3）小型工器具按需领用，由领用人员随身携带并负责整理，在当日施工任务完成后放回原处，集中管理。

（4）施工现场内公共区域划分至各班组，确保每一个角落都有人员负责，安全人员定期进行安全巡视。生活区和办公区公共区域如停车场、食堂等，由后勤部门安排专人负责；其他公共区域如材料堆场安排专人整理。

例如，港珠澳大桥岛隧工程沉管预制厂的建设是在实现沉管预制功能的基础上，细化并规范物料堆存区、设备区、半成品区、操作区、人行通道、车辆通道、安全设施、标识标牌、宣传牌、管理看板等。在实施 6S 管理过程中，以整理实施为标准，对各个区域进行合理布置，为后续 5 个 S 的开展做好硬件准备。沉管预制厂 6S 布置清单见表3-2。

沉管预制厂 6S 布置清单　　　　　　　　　　　　　　　　　　　　　　表 3-2

序号	区域或设施	细目
1		区域布置
1.1	设备和材料堆存布置	钢筋加工区、绑扎区、模板休整区、浇筑坑、端模堆存区；搅拌站等临时设施
1.2	安全通道	所有通道的规划、标线、标识的设计，与车道交叉、临时占用的通道的设计等
1.3	消防及安全设施	灭火器、消防栓、防火门、消防广播、消防疏散标识、吸烟区、紧急出口等设置
1.4	公共卫生设施	垃圾箱的设置、厕所等

续表

序号	区域或设施	细目
1.5	临边防护及栏杆	通道、楼梯栏杆、龙门吊轨道两侧防护等
1.6	门亭与入口	门亭设置位置和形式, 入厂(场)须知及相关规定等
1.7	LED显示屏	LED屏幕的位置、版面信息等
1.8	标识标牌	总体规划图, 厂区内区域标识牌、安全警示等的设置位置, 标牌形式及内容
1.9	宣传栏	预制厂组织机构、班组建设、安全制度、质量制度、班组6步走可视化管理、6S管理看板等
1.10	设备管理	设备挂牌、巡检、自主保全、责任制度等
1.11	材料	区域内结构和措施类材料的规划和管理
1.12	其他	饮水机、休息室等
2		施工场地布置
2.1	钢筋笼滑移轨道处理	打磨平顺, 制作轨道铺设记号线, 检查轨道周转
2.2	安全通道清理	安全通道内所有物品清理干净, 保证安全通道整洁、畅顺, 无阻挡、无杂物
2.3	电缆沟槽处理	休整区高压电缆、钢筋加工区低压电缆设置暗槽
2.4	轨道沟槽处理	钢筋加工区轨道、皮带机轨道沟槽封闭
2.5	结构件、工索具的标准化	结构加工件, 钢筋、预埋件及其他吊具, 装卸货箱等标准化配置
2.6	厂内装修及修饰	所有需要修饰的部位, 如设备地脚、沟槽边缘等
2.7	标识标牌的统一	物资材料和设备标识、通道标识、宣传栏及其他标牌的格式、支撑架和外观设计等
2.8	活动性物品的轮廓线	叉车停放点、移动式设备或货柜摆放点等的轮廓标线

3.3.4 区分"要"与"不要"

实施整理的关键是区分必需品和非必需品, 必需品是现场经常使用的物品, 没有它会影响正常工作; 非必需品是偶尔能用到或后续施工用不到的, 不会对正常施工造成影响的物品。

根据物品的使用频率来看, 非必需品一般可分为两种: 一是使用周期较长、但使用不频繁的物品, 如近期没有使用计划的机械设备; 二是施工后的余料、废料, 如不合格品或劣化严重的物品。整理工作最重要的一步就是划分必需品与非必需品。"要"与"不要"物品的判定标准, 即必需品与非必需品的区别标准如图3-13所示。

(1) 区分必需品和非必需品, 诀窍在于设置一定的时间范围, 根据物品的使用频率来确定, 如以每天、每周、每月直到一年等为时间段, 定期区分物料、机械设备、工器具、临时设施等必需品与非必需品。施工现场必需品和非必需品的界定标准见表3-3。

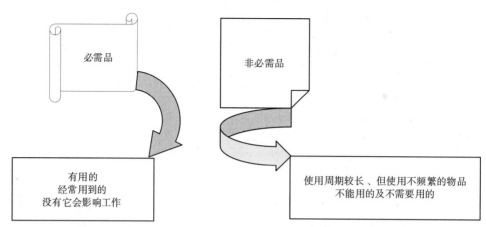

图 3-13　必需品与非必需品的区别标准

施工现场必需品和非必需品的界定标准　　　　　　　　表 3-3

类别	使用频率	处理方法	备注
必需品	频繁使用	放置工作现场或随时携带	
	每天	现场存放	
	每周	现场存放	空间有限时可放在指定位置
	每月	物料场所存放	定期检查
非必需品	每季度	仓库储存	定期检查
	半年	仓库储存	定期检查
	一年	仓库储存	定期检查
	有用	仓库储存（封存）	定期检查
	不需要用	变卖或废弃	定期检查
	不能用	变卖或废弃	定期检查

（2）"要"与"不要"的判别标准：施工现场钢筋、砂石骨料等不可循环使用的材料；废弃的边角料、余料；无法使用的预制件、构配件和机械设备；生活区、办公区等临时设施场所产生的垃圾等。对于施工现场反复使用的作业工具等必需品，根据使用频率制作"手持标准表"；对于施工现场偶尔使用或长期不使用的作业工具等，制作"物品放置标准表"。

（3）注意在筛选不需要的物品时，消除多余的偏见和先入为主的观念，根据整理标准果断执行。为了防止不需要物品积压太多，整理要定期进行，每隔 1～2 个月就进行一次不需要物品的筛选和处理。"要"和"不要"清单表见表 3-4。

3.3.5　循环实施

在施工作业过程中不断循环往复开展整理活动，及时发现并解决问题，是保证整

"要"和"不要"清单表   表 3-4

填报部门：   填报日期：____年__月__日

类别	项次	规格	数量	理由	区域	备注
机器						
模具						
原料						
半成品						
成品						
文具						
报表						
脚手架						
档案						

填报人：   初审：   复审：   审核：

理有效性和持续性的关键措施。

（1）大型建设工程工序繁多，施工区域点多、线长、面广，机械设备、临时设施、工具材料种类多，作业人员必须逐项整理并时刻保持，每天进步一点点；

（2）每天安排专人或者兼职人员进行现场巡查，对发现的问题或违反标准现象进行现场拍照，做好相应记录，并及时告知相关责任人；一般问题立即整改，复杂问题在限定期限内整改；

（3）下一次检查重点可放在上次检查的问题上，对于依然存在、屡教不改的问题，做好记录并告知相关责任人要求整改并采取一定程度的处罚措施，对保持较好的人员或班组进行奖励；

（4）将每次检查的问题进行汇总，分析并查找原因，制定相关解决措施。

3.4 整理不完备导致的问题

在整理过程中一定要整理到位，否则，不仅会影响后续 5 个 S 实施，还会导致浪费时间、多占场地、诱发安全隐患等问题。

3.4.1 浪费时间

整理不彻底，必需品和非必需品区分不明确，管理人员在寻找物料、机械设备及工器具等时，不能及时找到，既增加施工现场工作人员领用工具、物资、拿取文件等的时间，又增加寻找的难度。若没有及时整理，施工作业人员在取用时，不能及时找出所要使用的东西，寻找时进行了大量的重复劳动，如需要占道等候、挪移其他东西，增加了寻找和滞留的时间，导致出现"不用到处有，用时找不到"的现象，占用必要劳动时间，影响工作效率。

3.4.2　多占场地

对必需品和非必需品进行整理后，若没有完全分清非必需品和必需品，或把非必需品依然列入必需品清单，或者整理不到位，在取用物品时就很难发现是否为非必需品。随着工程项目建设的推进，一部分必需品所应拥有的空间被非必需品占用而不得知；没有全面地规划，使得施工过程需要频繁移动设备、挪移物资材料，既影响工程进展、增加工作量和施工成本，又给施工安全增加了潜在的风险因素。

3.4.3　诱发安全隐患

事实上，施工现场 6S 管理初期的效果更多地体现在场地规划和整理，如果规划不全面、整理不彻底，对后续 5 个 S 的开展将会产生连锁反应，降低整个 6S 管理活动的效率，最重要的是会诱发安全隐患。

（1）设备及工器具整理不彻底，依然存在乱摆、乱放现象，通道区域有杂物阻塞安全通道，由于现场混乱，作业人员通行时可能会被绊倒。

（2）作业人员不规范作业，如搅拌机、锯切机等扬尘机具防护棚未封闭或封闭不严、机具传动部位未设置防护罩等施工机具问题诱发安全隐患；现场木屑不及时清理，作业人员抽烟并随意丢弃烟头，可能诱发火灾隐患。

（3）物品存放混乱，堆放的物品过高，有倒塌的风险。

（4）应急时找不到相应的物资，如灭火器、铁铲、担架、急救药品等摆放位置被其他物品占用，当发生突发事件，不能及时取到消防工具；如过期的灭火器不及时整理、更换，当发生火灾时，不能及时使用消防器材，造成严重的后果。

（5）没有及时检查和维护应急设备，无法启动应急设备，如发电机、应急车辆、消防泵，以及设备设施的限位装置等。

（6）没有及时整理现场围挡，如围挡墙倾斜、破损，依靠围挡墙堆放材料、垃圾，安全网绑扎不牢固，围挡不严密等，当人员靠近接触这些围挡时，引发安全事故。

没有做好整理可能会引发一些不安全行为。为减少这些不安全行为，需要彻底执行整理，把整理与安全管理、重大事故及灾害的计划进行联动防治。

第4章 整顿：合理定置，取用方便

整顿（SEITON）是在整理的基础上，科学布局施工场地，定位必需品，明确一定时期内所需要的机械设备、物资材料、工器具等数量并准确标识，减少施工材料、设备、用具的取用时间，提高作业效率，保障施工现场安全。

4.1 整顿的作用

4.1.1 易于取用物品

科学规划和布局施工作业区域、临时设施区域、物料堆放及加工区域、转运区域及办公生活区域、施工通道或临时道路等，明确机械设备、工器具、构配件等摆放区域，标识清晰，易于取用物品。

4.1.2 便于处理异情

通过整顿，对施工机械设备存放区、物资材料存放与加工区、工器具存放区等进行明确标识，营造一目了然的施工现场环境。施工现场一旦出现物资不足、设备损坏等异常情况，作业人员能够及时发现并立刻处理。

4.1.3 利于消除隐患

通过整理、整顿，使施工现场整洁有序，各种标识清晰，避免因机械设备、物资材料、工器具的乱堆乱放导致施工现场区域交叉、道路阻塞，有利于消除安全隐患，使异常现象明显化、安全隐患显性化。

4.1.4 助于降低成本

通过整理、整顿处理各种闲置物品，对必需的物品再进行分拣，分类存放，对废旧物品进行回收利用，最大限度减少浪费，有助于降低成本。

4.2　整顿的流程

依据施工现场场地规划，将机械设备、物资材料、工器具及临时设施等进行定位和定量，对机械设备、物资材料、工器具和临时设施的名称和状态进行标识，使得作业人员能在第一时间了解相关信息，是整顿的基本内容。如现场各类作业区域、道路通道的定位标识，机械设备的状态定置标识等。同时，根据施工现场情况的变化，做好动态管理，确保整理、整顿的顺利实施。如港珠澳大桥岛隧工程东、西人工岛施工过程中，按照施工要求，混凝土搅拌站、生活区和办公区多次搬迁，在每一次搬迁前，工区项目部 6S 管理人员及时做好动态调整规划，确保整理、整顿实施的连续性，避免造成误工和现场混乱。

整顿的实施流程包括定位、定量、定标识，如图 4-1 所示。

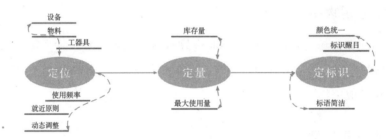

图 4-1　整顿实施流程

4.2.1　定位

定位就是要明确机械设备、物资材料、工器具等存放的位置，确保在施工过程中取用方便，同时，不妨碍人员、车辆通行，保证施工现场整洁清爽。根据施工进度计划对机械设备、物资材料、工器具等实际需要，按机械设备、物资材料、工器具的使用频率和使用便利性，确定机械设备、物资材料、工器具所应放置的场所和材料加工区的位置。一般说来，使用频率越低的机械设备、物资材料和工器具，应该放置在距离工作场地较远的地方，根据施工现场情况，合理规划材料加工区域。通过对机械设备、物资材料和工器具的定点存放，保持施工现场整齐，提高工作效率。

定位应遵循以下原则：根据划分的管理对象决定放置场所；根据使用频率和就近原则定位；展示定位效果，审视定位状态，做好动态调整。

1.根据划分的管理对象决定放置场所

（1）机械设备的定位。施工现场流动性大，大多数机械设备的位置随工程进展而变动，在每次变动前都应确定好机械设备放置的位置，提前做好规划安排，保障施工生产顺利进行。

（2）原材料、余料、预制品等的定位。一般来说，施工人员在现场持续作业时，为完成某道工序，在作业过程中所剩余原材料的定位主要考虑原材料和余料的取用方便，依据"就近原则"放置，而不是立刻放回原来的位置。但要注意原材料、余料、预制品放置位置的安全性，在保证安全性的前提下，对施工现场区域进行"化整为零"，标记好安全警示线，时刻提醒施工人员对原材料、余料和预制品的安全放置，即定好"安全位"。同时，要注意对施工通道的及时清理，保证通道安全，降低安全风险。

（3）工具、夹具、量具和图纸文件等的定位。这些物品需要根据作业环境和作业条件确定放置位置，在室内作业时尽量放置在固定位置，室外有条件的尽量固定位置，没有条件的由作业人员随身携带，重点要考虑携带的安全性，使用后工器具放置在指定位置，以便再次取用。现场使用的链条葫芦、千斤绳等工器具，不用时要定点悬挂或摆放整齐。

2. 根据使用频率和就近原则定位

（1）将使用频率高的物品放置在合理的近处使用场所，定位的地方应设置标识，具体分为场所标识与编号标识：场所标识可用英文字母（A、B、C）或数字（1、2、3）来表示；编号标识以数字表示较为理想，可以由上而下按1、2、3排序。

（2）将使用频率低的物品放置在规定的"远处"位置，由保管人员进行统一保管，管理人员对物品做好标识，尽量充分利用空间，立体放置；对于使用频率低的机械设备，注意按规定做好维护保养。

（3）施工作业人员在作业区内只携带或摆放最低限度的必需品，杜绝携带非必需品。

3. 展示定位效果，审视定位状态，做好动态调整

根据管理对象和就近定位原则定位好机械设备、物料及工器具之后，对定位好的对象进行检查，审视各对象是否定位正确，防止因定位操作不规范导致定位偏差，以便及时调整。随着施工进度的推进，物料、机械设备及工器具的使用需求和功能发生变化，必需品和非必需品的角色发生转变，这时需要依照现场情况，具体分析并调整定位，根据管理对象和就近定位原则，再次进行定位。

总之，科学合理选择和明确机械设备、材料、物品等的摆放位置，有利于施工人员快速取用，避免由于施工现场混乱、材料物品混放等而影响工作效率。此外，公用物品应及时放回，否则，会给其他使用者造成不便。

4.2.2　定量

施工现场的机械设备、物资材料、工器具等种类繁多，而且在不同施工阶段所使用的数量有所不同，定量就是要确定好当前阶段所使用的机械设备、物资材料、工器

具等数量。在不影响正常使用和施工进度的前提下，现场存放的这些物品尽可能越少越好。

定量的目的是让现场管理人员准确掌握现场物品的使用量、剩余库存量及下阶段的需求量，包括最大使用量和最小使用量、最大库存量和最小库存量等。注意要结合施工现场的实际情况考虑定量配置，如对于边远地区、交通不便的作业区段、存在陆水转运的作业区段，以及总体使用数量不大但需要远距离异地采购的物资材料、工器具等特殊情况，一次性采购及库存数量可以按实际使用情况适当增加。定量需要做好以下几项工作：

（1）按照施工平面布置图的规划，对区域大小进行定量，控制机械设备停放区、材料物品放置场所和棚架等区域的大小，防止尺寸超出要求；

（2）根据施工进度计划，确定好每天材料、物品等的最大使用量和最小使用量，用不同颜色标记；

（3）明确显示出物料、机械设备及工器具等的最大库存量及最小库存量，将最大库存量用黄色标示，最小库存量则用红色标示。

4.2.3　定标识

定标识是为了让现场人员更好地掌握施工现场布局和现场状态，便于区分机械设备、材料物品等物资的类别及摆放区域，使现场清晰明了，有利于保障安全。

标识可划分为场所标识、位置标识、实物标识、状态标识、数量标识等类别，如机械设备标识牌、材料标识牌等，根据材料的种类及摆放的位置来确定标识的数量和位置，作业人员严格按照标准制作和摆放，定标识的要点如下。

1. 两统一、一分离

（1）统一设置施工现场的标识牌和标签。标识牌、标签及文字和颜色等尽可能采用简洁、美观、能提高现场形象的方式来标识，如外围环境就包括室外通行线标识、机械设备定位标识、施工车辆停车位标识、道路路沿标识、井盖设施标识等，外围环境标识如图 4-2 所示。

（2）统一设置线条颜色和宽度，加强提示作用。例如，港珠澳大桥岛隧工程沉管预制厂的颜色标准和线条宽度标准见表 4-1 和表 4-2。

线条颜色标准　　　　　　　　　　　　　　　　　　　　　　表 4-1

项目	颜色名称	标准色样
隔栏、隔断	黄色	
货架	灰色	

续表

项目	颜色名称	标准色样
安全通道、扶手	黄色	
参观通道	绿色	
斑马线	黄黑间隔色	

线条宽度标准　　　　　　　　　表 4-2

项目	基准规格（mm）	基准颜色
主通道线	100	黄色
室内一般通道线	100	
仓库区域线	50	
车间区域线	50	
辅助通道线	50	
可移动物	50	
门开闭线	25	
小物品定位线	25	
不合格品区域线	50	红色
废品、闲置物	50	
灭火器、消防栓	50	
垃圾桶	50	
危险区域	50	
警告警示	50	斑马线
配电柜	50	
坑道周围	50	
合格品区域线	50	绿色

图 4-2　外围环境标识

（3）人行通道与施工作业区、物流通道等空间区域清晰分离，保障现场人员出入安全。现场通道划分为主要通道、VIP 参观通道、检查通道、安全通道，例如安全通道如图 4-3 所示，通道地面标识方法见表 4-3。

图 4-3　安全通道示例

通道地面标识方法　　　　　　　　　　　　　　表 4-3

通道类型	颜色	宽度（mm）
主要通道	绿色	1500
VIP 通道	绿色	1500
检查通道	紫色	500
安全通道	黄色或红色	1500

2. 标识用语简洁、具体

施工现场的物料、机械设备、工器具等物品应有标识说明，标明物品的厂家、进场时间、检验信息等。对消防安全设施还应做好位置引导及使用说明等标识。对道路、电梯井口、安全通道等具有重大安全性的区域须做好醒目标识。施工现场设备及电器标识类别见表 4-4。

设备及电器标识类别　　　　　　　　　　　　　　表 4-4

序号	标识名称	序号	标识名称
1	螺栓螺母松紧状态标识	9	设备维修中标识
2	管道颜色标识	10	检查部位标识
3	管道流向标识	11	注油点标识
4	物流运行方向标识	12	油桶种类标识
5	旋转体旋转标识	13	换件周期标识
6	电机旋转方向标识	14	设备备用 / 运行标识
7	空压油壶界限标识	15	设备名牌标识
8	扳手型阀门标识	16	电气控制箱标识

序号	标识名称	序号	标识名称
17	电器警示灯标识	18	额定电压标识

物品及材料标识类别见表 4-5。

物品及材料标识类别 表 4-5

序号	标识名称	序号	标识名称
1	零件放置区标识	8	小物件定位标识
2	半成品区标识	9	台阶形架台保管标识
3	物料底盘颜色标识	10	保管柜标识
4	物品原位置标识	11	物品现况标识
5	垃圾分类回收标识	12	物品定量标识
6	垃圾桶定位定量标识	13	零件堆放限高线标识
7	瓶装药品保管标识	14	物料订货卡管理标识

工器具标识类别见表 4-6。

工器具标识类别 表 4-6

序号	标识名称	序号	标识名称
1	一般工具的标识（工具陈列柜）	5	砂轮片 / 碟片保管标识
2	撬棍类工具的标识（兵器架）	6	手套保管标识
3	胶管电缆类的保管标识（转盘）	7	绳索保管标识
4	清扫工具保管标识	8	搬运工具标识

3. 专用标识设置醒目

施工现场安全警示标识醒目。施工现场 6S 管理的核心和最终目标是确保施工安全，需要在施工现场设置醒目的安全警示标识，提示现场施工人员远离危险区域和危险物品，注意安全，避免意外发生。当发生应急情况或事故时，能够提示现场人员及时按照应急预案的要求进行应急处置或逃生，避免事故扩大或发生次生事故。如发生火灾时，清晰的消防设施位置标识，可帮助现场人员迅速采取措施灭火，以及按紧急疏散逃生路线迅速撤离危险区域。现场需要标识的重要安全警示标识类别见表 4-7，现场安全警示标识示例如图 4-4 所示。

安全警示标识类别   表 4-7

序号	标识名称	序号	标识名称
1	消防设施管理标识	10	反射镜的设置
2	消防设施位置标识	11	通道上方障碍物高度标识
3	旋转部安全防护罩的设置	12	保护性指令标识
4	安全防护围栏的设置	13	警示性标识
5	安全隔离网的设置	14	消防提示性标识
6	固定梯子的设置	15	禁令性标识
7	传送带地面标识	16	电力安全标识
8	旋转移载设备的隔离	17	消防紧急疏散图的标识
9	墙角墩柱标识	18	危险物品保管标识

（a）   （b）

图 4-4　安全警示标识

（a）发电机房；（b）皮带机

　　为区分施工现场内各区域的范围和界限，需要对片区、框架等区域进行命名并悬挂标牌，区域标牌示例如图 4-5 所示。

　　为落实施工现场 6S 管理要求，可在施工现场设置一些看板，实施看板管理，看板内容包括现场安全方针、主要指标、工艺流程、质量监督、安全管理、管理要求等，看板管理如图 4-6 所示。

图 4-5　区域标牌示例   图 4-6　看板管理

4.3　全面检查

通过整理区分出必需品和非必需品，现场只留下工程所需的必需品，经过定位、定量和定标识等一系列整顿措施，现场物品摆放有序、现场人员穿戴规范。为了巩固整理、整顿的效果，需要查漏补缺，全面检查整理、整顿后的现场情况。

4.3.1　施工现场检查

全面检查现场，包括看到的以及看不到的地方，尤其是施工现场的隐蔽部位，例如混凝土浇筑坑、基坑底部、箱梁的舱室、机械设备及工器具的底部和内部等；主干道两侧的物资临时存放点应统一规整，消防通道和安全通道上不能出现杂物、垃圾，以确保安全通道畅通无阻，有效地消除安全隐患。

4.3.2　人员穿戴检查

加强人员管理，出入口设置人脸识别的智能门禁系统，切实加强人员的出入管理。进入施工现场的人员都应佩戴工作卡以示证明，劳保服、安全帽、劳保鞋和反光衣等劳保用品穿戴整齐，机械设备操作人员必须遵循安全操作规程要求。同时，管理人员、施工作业人员、后勤辅助人员等均要开展自检，对各自的工作区、生活区进行全面检查。

4.3.3　机械设备检查

重视设备安全。由专人负责机械设备的管理及使用，严禁不合理使用机械。使用时要保证人身及机械安全，严禁超负荷使用。机械设备使用的燃料、润滑油、液压油等必须符合规定，电压等级必须符合铭牌规定。机械设备使用时需进行巡回检查，操作人员根据操作规程按规定路线对机械各个部分进行详细、全面的检查，检查中如果发现问题，例如发现设备跑冒滴漏应停止使用，应通知维修人员及时修理。发现设备生锈和脏污，应在设备停止使用期间清理，及时做好设备的定期保养，最大限度地发挥机械性能，延长机械使用寿命。通过机械设备的全面检查，关注设备的不安全状态，及时发现设备存在的安全隐患。

4.3.4　物料堆放检查

防止混放乱放。明确施工现场的工器具、构件、材料等的堆放位置，按照品种、规格堆放整齐，并设置明显标牌，如钢筋、构件堆放整齐后用木方垫高。施工作业区内应"工完料清"，无法马上运走的必须堆放整齐。垃圾及时运走，施工余料按类型分区堆放，不可随意乱扔。易燃易爆品不能混放，必须严格按有关规定储存保管。同时，关注物料放置的不安全状态，防止造成安全隐患。

4.3.5 临时设施检查

确保临时道路平整、临时用水充足、排水畅通、临时用电安全。工地周围设置的围栏，应做到坚固、平稳、整洁、美观。作业区与生活区分开，施工栈桥严格按安全要求进行布局、使用，人员生活用品及床铺放置整齐，室内无异味，生活垃圾及时清理，员工业余学习和娱乐场所每天进行整理。施工现场禁止吸烟，防止发生火灾，对各区域的消防设备全面检查，保证灭火器材等消防配备充足。对加工厂、混凝土搅拌站等大型临时设施，除机械设备定期检查、维护保养外，还要检查设备配置是否满足施工要求、场地硬化处理等是否有异常、原料储备是否充足等。

4.4 整顿的优化

4.4.1 及时更换

定期检查施工现场的机械设备、物品材料、工器具等物资使用情况，明确机械设备损耗程度、物料用量是否充足，避免因用量不足影响施工进度。仔细查找安全隐患的根源，对影响正常施工作业的机械设备及时维修，对存在安全事故隐患的机械设备、物资材料及时更换，杜绝使用存在安全隐患的机械设备和物资材料，及时消除安全隐患，避免影响后续施工。

4.4.2 整顿与施工工序结合

规范有序的流程有助于整顿的顺利实施，必须将整顿工作与施工工序、工艺流程相结合。作业人员施工前，要考虑每天的工作量，便于对施工中所使用的物料及工器具的定量。按照施工操作规范和施工工艺流程，提前明晰需要定位和定标识的地方，利于及时整顿，节约时间，为施工顺利进行打下基础，且保障安全。

4.4.3 借助信息化手段

组建局域网络。统一组建计算机办公局域网，按照统一标准进行网络配置，使用统一的管理系统、信息平台及应用软件，以保证施工现场整顿数据的采集和数据共享。如将材料或设备的厂家、性能指标和用途，技术交底等信息存储在二维码标识中，用手机扫一扫，便可让现场人员详细了解物品的状态，二维码包含物品和作业信息，如图 4-7 所示。

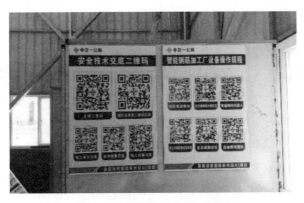

图 4-7　安全技术交底二维码

　　建立施工现场信息远程管理系统。把整顿模块纳入系统，配备相应的终端硬件设备，便于统一管理。根据需要对整顿进行监控，以图像形式输出，便于发现问题，及时整顿。例如门禁管理，需要配置足够数量的保安对门禁进行值守，使用"隧道人员考勤安全管理系统"，实时掌控进入隧道的人员数量、姓名工种、班组队伍、健康状况、培训教育、时间等信息。隧道门禁管理如图 4-8 所示。

图 4-8　隧道门禁管理

　　采用多重手段保证隧道内的视频监控及通信，在隧道进出口处和隧道内部重要施工部位安装可 360° 旋转的工业级高清摄像头；在隧道监控室（调度室）、隧道口处安装有线电话，隧道内每个管节安装一部有线电话，方便隧道内沟通联系；安装应急广播系统，隧道每个管节两侧均安装应急广播。在安全标识方面，在明亮处使用手工制作的安全标识，在光线昏暗处放置电子屏或警示灯等安全警示，提高警示程度，明示危险区域界线。

第5章 清扫：清污扫废，美化环境

清扫（SEISO）是在整理、整顿的基础上，对作业环境、材料、机械设备、工器具，以及施工成品、半成品进行彻底清扫、定期点检与全面保养，使施工现场整洁有序，并找出污染源，防止污染重复出现。清扫为6S管理后续工作和安全施工打下坚实基础，是打造标准化、绿色化施工现场的重要环节。

5.1 清扫的作用

5.1.1 清除现场脏污

施工现场脏乱、无序，既影响作业人员的工作情绪和作业效率，施工安全更没有保障。在整理、整顿的基础上，作业人员扫除现场工作产生的垃圾杂物，清洗机械设备运行结束后残留的污渍等，清理施工余料与废料，创建明朗、整洁的施工现场，以保证安全、优质、高效的施工作业。

5.1.2 改善作业环境

改善作业环境体现在两个方面：

（1）清扫能够创造清爽的作业环境，营造良好的工作氛围，作业人员能够更愉悦、更积极地对待自己的工作，提高工作效率，产生对项目的归属感；

（2）清扫能够保持施工现场良好的卫生状况，减少环境污染，改善施工现场周围环境。

5.1.3 保障现场安全

持续清扫能够使作业人员及时发现并消除潜在的安全隐患，为安全施工创造条件。通过成品、半成品保护以稳定工程品质，保障工程安全。对施工成品表面的清洁与保护，是清扫对工程内在品质与外在观感的保障，如果没有进行成品与半成品保护，任其受到破坏或污染，成为次品或不合格品，将会产生不必要的修复或返工工作，导致人工、材料浪费，工期延迟，以及不必要的经济损失与安全隐患。

5.2 清扫的对象及要点

清扫的对象可以分为场地、材料、机械设备、工程成品与半成品四大类。

5.2.1 场地

现场场地是施工作业活动的载体，也是最主要的清扫对象，场地清扫的关键是清除地面脏污等。

（1）施工作业面区域：各班组对负责区域在每日班前、班后进行清扫，垃圾及时分类并集中堆放，不得随意留置。班前清扫的重点是对场地、材料进行检查，班后清扫的重点是清扫地面脏污、清除垃圾及废弃材料、规整剩余材料等。

（2）材料堆放区域：指定清扫班组，每日班前、班后轮班进行清扫。在班后，对材料进行再次整理，确保材料分类规范清晰，堆放合理整齐，检查标牌，堆放高度、宽度、坡度等不超限，通道畅通。材料堆放区域清扫如图 5-1 所示。

（3）构件加工区域：加工区会存放施工所用各种材料、构配件、成品与半成品、混凝土构件、加工设备及构配件加工的废料等，在清扫过程中要保持场地干燥，及时将废料存放至指定集中堆放区，并由清扫人员及时处理。钢筋加工区域清扫如图 5-2 所示。

图 5-1 材料堆放区域清扫

图 5-2 钢筋加工区域清扫

（4）场内道路：及时清扫脏污，以保证施工过程中道路畅通无杂物。场内道路清扫如图 5-3 所示。此外，道路两侧临时堆放的材料需及时整理，安全警示牌等标识要日常维护。在材料、机械设备等进场时，安排协管员指挥现场交通，清扫班组及时清扫进场前后的道路，时刻保持道路洁净通畅。

（5）办公生活区域：项目部办公室与员工宿舍的清扫，遵循"三净"原则。"三净"指：桌面、地面净——无垃圾、无杂物、无污迹、桌面无灰尘；墙壁门窗玻璃净——无乱贴乱画、无污迹、无积灰、无蜘蛛网；生活用品净——无异味、无积垢。

图 5-3　清扫班组打扫场内道路

5.2.2　材料

施工现场材料种类繁多，材料的清扫主要包括施工材料存放情况的检查与保护，施工废料、杂物及垃圾的处理。不同种类的施工材料，清扫要点也有所不同。

（1）施工原材料：如砂石料、水泥等，在堆放区易产生灰尘或尘土，从而造成场地脏污，应做到及时苫盖，并与场地清扫工作相结合，定时对堆放区域的地面进行清扫。

（2）周转材料：如模板、脚手架等，进场后按材料堆放要求进行合理堆放并进行准确标识，清扫过程中要求持续检查材料存放及使用情况。

（3）施工主要材料：如钢筋、木材等，钢筋按不同构件、类别、规格分别进行堆放并挂标牌，不可混放，在钢筋存放的料棚或场地周围应设有一定的排水设施，以利排水；木材的堆放与加工易产生木屑、多余废料等脏污，责任班组需及时进行清扫并保持地面干燥。

（4）施工余料、废料：设置集中堆放区对施工余料、废料进行处理，作业人员做到"工完料清"，及时扫除废料及杂物并集中堆放，合理处理废渣与废水。采用专用设备，如污水沉淀池、泥浆分离器和砂石分离器，对废水、废渣进行处理，既解决了泥浆、废料、废渣无处排放的问题，也能对砂石料等固体物回收再利用。

5.2.3　机械设备

机械设备的清扫要点是"及时清理、定时点检与维护保养"："及时清理"是指机身表面污垢的清理；"定时点检"是对机械设备运行状态进行检查；"维护保养"是指及时维修，保养润滑。

施工过程中涉及的机械设备种类和数量繁多，作业人员应掌握其责任机械设备的操作规程，清洗、维修与保养方法，做到规范作业，并依照机械设备保养维修管理体系的操作章程进行维护保养，设备保养管理体系如图 5-4 所示。

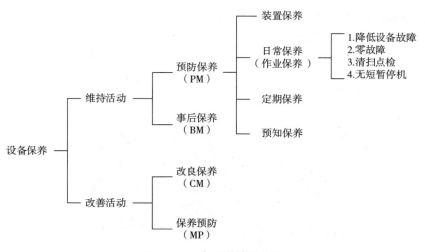

图 5-4　设备保养管理体系

（1）场内车辆和起重设备，以"十字作业法"作为清扫要求，即"清洁、紧固、润滑、调整、防腐"。

"清洁"是指设备外观及配电箱（柜）等无灰垢、油泥；

"紧固"是指各连接部位紧固；

"润滑"是指设备需润滑部位的油质、油量满足要求；

"调整"是指有关间隙、油压、安全装置调整合理；

"防腐"是指各导轨面、金属结构件及机体清除掉腐蚀介质的浸蚀及锈迹。

作业人员对大型设备防腐养护，履带式起重机大臂防腐养护如图 5-5 所示。

图 5-5　履带式起重机大臂防腐养护

（2）搅拌站设备：清扫方法是将水与少许石子放进搅拌主机搅拌 5~10min，清除机内物料。停机后冲洗管道，清除搅拌罐内外灰尘和黏附的混凝土，如图 5-6 所示。在冲洗搅拌主机料门时，防止上部冲洗下的积料形成异物卡滞料门现象。正常生产期间,搅拌站的清扫重点是定期检查搅拌筒内及搅拌轴上混凝土是否出现凝固,如遇凝结,在切断电源、气路,放尽余气后,进行人工铲除。

图 5-6　搅拌站设备冲洗

例如,港珠澳大桥岛隧工程施工过程中,把搅拌站设备的点检、维护保养作为整个拌合系统清扫的重点。作业人员每半月对搅拌站设备进行一次检查,包括主要设备空转时是否有异响、主机是否润滑、减速箱是否存在漏油现象。此外,对上料系统、料仓系统进行故障排查,每月对搅拌站设备表面除锈刷漆,有效保证和提升了设备工作效率。

5.2.4　施工成品与半成品

成品保护是保证工程实体质量的重要措施,是清扫工作的重要组成部分。成品保护不仅针对施工完成的成品,也包括对施工半成品、模板、钢筋、预埋件、孔洞、现场安装的各类机电设备设施等的维护保养。

在吊装模板时,要轻放轻起,防止模板变形,拼装完成后在模板面覆盖苫布,模板拆除后对板面及缝隙进行全面彻底清理,避免下次使用出现粘模现象;钢筋在加工完成后码放整齐,在底部加设垫木以免遇水锈蚀,运输过程中不得随意抛掷、碰撞,以免弯曲变形,影响钢筋的成品质量;混凝土在结硬之前不得踩踏,根据混凝土实际使用情况,在浇筑后的一段时间内覆盖土工布等,并及时洒水湿润养护;梁、柱及栏板等通过覆盖达到防护效果,柱、栏板的边角使用硬质防护材料进行防护,并在其中加设土工布防止防护材料对成品造成损伤。

5.3　清扫的实施

在施工现场,清扫并非简单的清污扫尘,而是在整理、整顿工作基础上进一步延伸与完善。实施过程中严格按照相应流程执行，提升工作人员的清扫意识，确保 6S 管理工作的顺利实施，保证工程质量和安全，清扫工作的具体实施流程如图 5-7 所示。

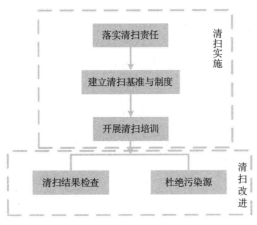

图 5-7　清扫实施流程

5.3.1　落实清扫责任

确保清扫效果的首要工作就是将清扫责任落实到位。落实清扫责任主要有两项工作：一是划分清扫区域；二是清扫责任挂牌。

1.划分清扫区域

依据施工组织设计的施工现场总平面图和场地使用规划情况，以整理、整顿的要求为依据，对清扫区域进行划分，并以平面图的形式呈现。

2.清扫责任挂牌

对机械设备、物资材料存放区域、临时设施搭建区域，以及施工现场的空地等进行具体规划后，确定各区域的清扫责任班组和责任人，在责任区挂牌公示。

各清扫区域负责人通常由相应的施工班组长担任，如各作业点安排作业人员清扫，常规设备机具由相关作业人员负责日常维护与点检，专用机械设备安排专业人员或专业工程师定期点检与维修，公共区域安排专门清扫人员清扫。

5.3.2　建立清扫基准与制度

建立完善的清扫基准，制定清扫制度，促进清扫工作的标准化，确保施工现场清洁。清扫基准和清扫制度的内容包括：清扫对象、清扫方法与重点、清扫周期、清扫工具、执行人、检查人与清扫标准等。

1.清扫对象

清扫对象通常在落实清扫责任后确定。

2. 清扫方法与重点

清扫有"三扫"原则，即"扫黑""扫漏""扫怪"。分别指：

"扫黑"——扫除施工作业产生的垃圾、尘土、纸屑、蜘蛛网等；

"扫漏"——处理漏水、漏油、漏气等；

"扫怪"——消除异常的声音、温度、震动等。

清扫遵循"三扫"原则，根据不同清扫对象的要求，有针对性地选择清扫方法，明确清扫重点。

3. 清扫周期

各责任区清扫工作的实施应形成常态化，建立清扫轮班制度，确定各清扫对象的清扫周期，并制定清扫日程表。

（1）机械设备：每天作业前对设备进行检查，作业后及时清洗，每月至少对设备进行一次彻底检查维护。

（2）物资材料：每天不定时检查，发现不符合清扫标准的情况及时向责任人汇报并处理。

（3）场地、场内道路：随时进行清扫，每日班后彻底清扫。

（4）办公生活区：每天工作结束后，由办公人员清扫地面，每周对家具、墙面、门窗进行一次彻底清扫，公共通道及卫生间由清洁人员每日清扫，晚间由值班保安负责。

（5）施工成品：依据材料、模板、建筑构件的施工工艺与成品保护要求制定清扫周期。

4. 清扫工具

一般的清扫工具包括扫帚、拖把、抹布、长水管、手套及防护材料等，责任人应将清扫用具放置在易取用、易归位的地方。

5. 执行人与检查人

清扫执行人由各清扫区域责任人安排，通常为班组作业人员、专业设备操作人员与专职清洁人员，清扫检查人通常为班组长及上级管理人员。

6. 清扫标准

（1）机械设备：机械设备各部件完好，运转正常，设备表面无尘无垢，无锈蚀点，设备标志铭牌干净清晰，信号灯标志、安全标示牌完好有效。

（2）物资材料：物资材料内部无异物，材料堆放处无杂物，材料摆放整齐、表面无尘无垢，苫盖标准，各种标示牌齐全且字迹工整清楚。

（3）场地、场内道路：地面干净无脏污，标示牌字迹清晰、摆放齐全，区域内物品界限清楚，物品无混存混放，现场道路整洁、畅通无杂物。

（4）办公生活区：室内窗、窗框及窗台干净整洁，无尘无渍无破损；墙面、天花板整洁完好，无污渍、浮灰、蛛网，无破损；墙壁张贴物整齐，无乱悬乱挂、张贴异物；地面整洁，无污物、污水，不乱放杂物；家具放置整齐，光洁无灰尘；空调出风口干净、整洁，无灰尘、霉斑；通道保持整洁畅通无杂物。

5.3.3　开展清扫培训

对作业人员及责任班组进行教育培训与清扫要求交底，是保证清扫制度有效实施的基础。

1. 骨干人员培训

对骨干人员，如清扫区域负责人、各班组长等管理人员的教育培训，重点是强调现场清扫对工程项目质量及安全的重要性。班组长和区域负责人作为骨干人员，能够在班组实施清扫工作时起到引导作用，促使作业人员跟随骨干人员积极主动完成清扫工作。

2. 作业人员培训

各清扫区域负责人负责作业人员的教育培训，包括施工现场安全教育、机械设备常识教育及技术准备教育。设备管理部对作业人员进行设备使用的培训讲解，如图 5-8 所示。

图 5-8　设备管理部对作业人员进行培训

（1）安全教育：提醒作业人员预防和警示清扫过程中可能发生的安全事故，如清理用电设备及电箱时可能会发生触电；清理堆放场地时可能发生剐蹭、物体撞击等。

（2）机械设备常识教育：了解机械设备工作原理，学习机械设备的基本构造，避免作业人员在清扫过程发生人身伤害或损坏设备，讲解设备出现跑冒滴漏、运行异常等现象的原因和处理方法等。

（3）技术准备教育：学习机械设备操作规程，依据操作规程和注意事项等内容制定作业指导书，明确清扫工具、清扫位置，掌握加油润滑和日常清扫、维修的基本要求等。

3. 清扫要求交底

清扫要求交底包括清扫任务分工，清扫周期，各责任班组的清扫范围与工作要求，以及清扫后的检查、考核与奖惩制度。可以通过班前会的方式开展清扫要求交底，交底内容须落实到现场每一位管理人员与作业人员，以保证每位现场人员明晰自己的清扫工作内容与要求。

5.4 清扫的提升

5.4.1 清扫成果检查

检查是改善清扫的第一步，也是避免清扫过程流于形式的重要手段。检查人员通常由清扫区域的负责人与施工现场的管理人员担任，运用目视管理与白手套检查法检查清扫成果，并通过检查表记录，作为改进清扫工作的依据。目视管理即用眼睛直接对清扫效果进行观察，白手套检查法即检查人员双手戴上白色干净的手套，检查时在检查对象的相关部位来回擦拭数次，将手套重新向责任人展示，由责任人自己判定清扫结果是否良好，如果手套有明显脏污，则说明清扫工作没做好，反之则说明清扫符合要求。

检查清扫成果能够找出清扫工作做得不到位的原因，找出工作难点和死角，从而为清扫的提升提供依据。

5.4.2 从源头控制污染

清扫工作改进和预防清扫的关键在于寻找与杜绝污染源，实现从源头控制污染。从源头控制污染的产生能够减少大量重复工作，提高清扫工作效率，更好地落实施工现场 6S 管理。责任人采用污染源登记与改善表对相应责任区域的污染源进行追查并改善，从而减少污染的反复，提高清扫效率。

第6章 清洁：清洁环境，贯彻到底

清洁（SEIKETSU）是对整理、整顿、清扫的坚持与深入，将整理、整顿、清扫过程中好的方法和措施等制度化、规范化、标准化，贯彻执行并持续优化，时刻保持施工现场环境干净、整洁、清爽的状态。

6.1 清洁的作用

6.1.1 维持并改善现场作业环境

整理、整顿、清扫是需要反复执行的动作，清洁是在不断地整理、整顿、清扫下达到的状态。作业人员进行整理、整顿、清扫后形成干净整洁的作业环境，该状态能够通过清洁维持并改善。在清洁中形成实施整理、整顿、清扫的制度和规范，有助于作业人员理解和实施，循序渐进改变作业人员的工作行为方式，避免由于未形成统一的实施标准而造成整理、整顿、清扫效果参差不齐。也可以借助标准和规范对整理、整顿、清扫的有效性进行评判，并不断改进优化，提升清洁效果，创造更佳的作业环境。

6.1.2 为员工素养提升打下基础

基于整理、整顿、清扫的良好成效形成的标准化文件，总结后可作为作业人员的培训教材，持续的教育培训和不断的实践对作业人员产生潜移默化的影响，有利于强化作业人员清洁意识，将标准化的整理、整顿、清扫步骤和实施要领内化于心、外化于行，创造安全的作业环境，消除人的不安全行为，为员工素养提升打下坚实基础。

6.1.3 减少施工现场安全隐患

通过整理、整顿、清扫形成干净整洁的作业环境，一时做到并不难，难在长期维持，贵在持续改进。优化过程涉及整理、整顿、清扫、清洁的每一个环节和每个参与者，将计划、执行、检查、处理融入持续改进过程，不留死角，消除施工现场物品的不稳定状态，提升作业人员安全意识，减少施工现场安全隐患。

6.2　清洁的原则

清洁应遵循"三不"原则:不制造脏乱、不恢复脏乱、不扩散脏乱。心中牢记"三不"原则,是做好清洁的基础和保障。

6.2.1　不制造脏乱

通过持续、系统的教育培训,强化作业人员清洁意识,规范作业流程,不进行产生脏乱的非必须活动,确需进行的生产活动,随时进行整理、整顿、清扫,维持整洁的作业环境。

6.2.2　不恢复脏乱

清洁的首要目标是维持已取得的成效。维持整理后现场所有物资材料、机械设备及工器具按需分类的状态,提升整理的完备程度;保持在整理基础上科学合理的施工现场布局,完善标识,不恢复整理、整顿前的杂乱;及时对作业环境、材料、设备、工器具及施工成品、半成品进行清扫、定期检查和全面保养,不恢复清扫前的脏乱与不良状态。

6.2.3　不扩散脏乱

对清洁工作进行检查,寻找产生脏乱、破坏施工现场作业环境的源头,并切断脏乱的传播途径,不将脏乱扩散到其他区域,减少因脏乱扩散而产生不必要的工作,提高工作效率。

6.3　清洁的实施

清洁在视觉上呈现的是干净整洁,感觉上是清爽优雅。清洁中将整理、整顿、清扫工作制度化、规范化,提升作业人员整理、整顿和清扫效率,同时为管理人员提供检查的标准;通过标准化的文件、表格、标签等,依据施工现场实际情况,进行反复整理、整顿、清扫,维持已取得的效果;整理、整顿、清扫后及时进行检查,对出现的问题进行整改并持续完善;清洁全过程中加强过程考评,依据考评结果分析、整改,强化全员清洁意识,将整理、整顿、清扫标准化、日常化、习惯化,维持并不断提升整理、整顿、清扫已取得的成效,使现场"异常现象"能够立即消除,确保施工现场时刻处于良好状态。清洁的实施内容及要点如图 6-1 所示。

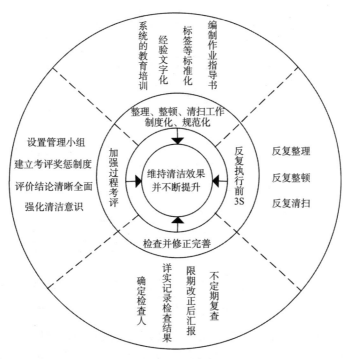

图 6-1　清洁实施的内容和要点

6.3.1　整理、整顿、清扫工作制度化、规范化

（1）将施工现场管理人员和作业人员在推行整理、整顿、清扫过程中所积累的经验形成文字，以文件形式加以保存，确保不会因为人员的流动而使经验流失。

（2）对于已取得良好成效的整理、整顿、清扫工作，将其实施步骤、要领、方法等形成制度化的管理手册；对于未达到要求的工作，找出实施过程中的问题及问题产生的根源，加以整改和完善，并将完善后的工作内容予以制度化，以便指导后期整理、整顿、清扫工作有序高效开展，为施工现场作业人员及管理人员节省大量时间。

（3）作业人员在不断执行整理、整顿、清扫过程中，对实施对象、方法、流程和频次等有更加系统和准确的理解和认识，在执行过程中保持跟踪记录并形成初步的文件，在清洁中加以完善优化，形成推进整理、整顿、清扫、清洁工作的文档、标签、表格等标准化文件。

例如，整理标签的标准化：在整理过程中，根据现场施工工序、作业流程的需求，制定并不断完善整理标签，形成标准化的整理标签，如图 6-2 所示。在清洁过程中，要求不同类型的物资材料都应及时按照标准化整理标签进行整理，明确物料的数量、价值、放置原因、使用频率等，清理不需要的物资材料，留下必须使用的物资材料并放在指定位置，使整理工作规范化、标准化，保证施工现场不再出现不需要的物品。

整理标签

1、物料名称：________________
2、物料 ID：________________
3、物料数量：________________
4、物料价值：________________
5、放置原因：________________
6、使用频率：________________
7、处理行动：

□去掉
□返回
□移到整顿物品仓库
□分开存放
□其他

责任人：____________
完成日期：计划：______实际：______

图 6-2　标准化的整理标签

（4）形成标准化的标签、表格后，编制作业指导书。作业指导书以“最好、最实际”为根本原则，体现最有效、最科学的作业方法，具有良好的可操作性，应体现对施工现场作业的全过程控制，体现对施工现场工具、设备设施、物资材料以及人员行为的全过程管理，内容包括：此项作业的名称和内容；此项作业目的；作业指导书的适用范围、适用对象、使用步骤等。作业指导书内容编写应遵循以下原则：①注重策划和设计，量化、细化、标准化每项作业内容；②体现分工明确，责任到人，编写、审核、批准和执行应签字齐全；③围绕安全进行管控。作业指导书未经批准不得使用，经批准的作业指导书只能在规定的岗位使用，并按照规定进行完善和更新。

6.3.2　反复执行整理、整顿、清扫工作

维持整理、整顿、清扫已取得的良好效果，确保不出现反弹或者退步，将工作过程中积累保存的文字、影像资料，好的方法、手段、经验等由点到面形成固定制度，要求施工现场全体人员必须严格遵守，进而持续改进、固化和深入，达到更高、更好的境界。为提升整理、整顿、清扫工作效率，需要制定反复工作目标，明确工作内容，见表 6-1。

反复执行整理、整顿、清扫的目标与内容　　表 6-1

动作	目标	内容
反复整理	维持物品数量，按需规划场地	对废料、剩余原材料、使用后的工器具、作业垃圾、可移动临时设施等进行必需品和非必需品区分，维持并提升整理的完备程度
反复整顿	维持科学布局，提升作业效率	按照定位、定量、定标识流程对整理后留下的必需品进行整顿，维持一定时期内所需机械设备、物资材料、工器具等数量并准确标识

续表

动作	目标	内容
反复清扫	维持整洁状态，切断污染源头	动态划分清扫区域，完善和更新作业环境、材料、机械设备及施工成品和半成品清扫标准，依据实际情况修订清扫周期

（1）整理：整理工作是动态的，随着施工现场作业区域的调整和作业内容变化，必需品也随之变化，整理需及时完备才能为后续的整顿、清扫工作提供保障。

（2）整顿：不同的施工区域、施工阶段，采用的施工方法和施工工艺以及所需要的机械设备、物资材料、工器具等有所不同，整顿的方法需相应调整，以实现必需品存取方便、提高空间利用率、提升现场施工人员工作效率为目标，为现场施工提供安全保障。

（3）清扫：施工过程具有动态性，需根据现场实际情况，在整理、整顿后按照需要重新划分清扫区域，完善和更新清扫标准，视情况修订清扫周期，及时对作业环境、机械设备、工器具以及施工成品和半成品进行彻底清扫、定期点检与全面保养，保障机械设备良好运行，稳定工程品质，消除安全隐患。

6.3.3　检查整理、整顿、清扫成效并整改完善

（1）反复执行整理、整顿、清扫后，需及时进行检查。由各区域、各施工点整理、整顿、清扫的责任人负责检查对应区域、施工点，也可跨区域、跨施工点进行检查。

（2）重点对整理、整顿、清扫后，施工现场呈现的作业环境、机械设备状态等进行全面检查，不同区域使用不同的检查表格、依照不同的检查标准进行检查，检查过程中发现的问题及时拍照记录。

（3）将检查结果通知相应区域负责人，对检查发现的问题，责令限时整改并及时反馈整改情况。

（4）检查过后对整改情况等要不定期进行复查，及时发现遗漏和不合理之处，完善优化检查表格内容和标准，保证清洁达到干净、高效、安全的要求。

（5）管理人员需认真听取作业人员的意见和建议，结合施工现场具体问题，通过现场讨论、会议、书面报告等形式对标准化文件进行完善优化。

6.3.4　强化过程考评，落实标准化

为进一步落实施工现场标准化，提升施工现场管理水平，消除施工现场安全隐患，需强化过程考评。管理人员需以身作则，主动参与到整理、整顿、清扫、清洁工作中，并进行定期或不定期检查，从细微之处发现问题，做到从大处着眼、小处入手。清洁过程中推行"透明化管理"，主动寻找问题、正视问题，及时全面公布考评结果，最大

程度将考评结果量化，有利于发现问题并识别出关键问题，有针对性地进行改善和提升施工现场整理、整顿、清扫、清洁效果。过程考评包括：设置管理小组、建立考评和奖惩制度、评价结论，如图 6-3 所示。

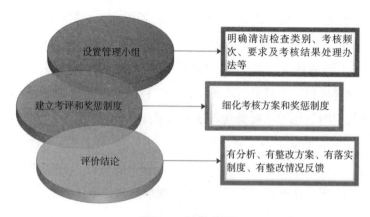

图 6-3　过程考评

（1）设置管理小组：成立清洁工作管理小组，由 6S 管理人员任小组组长，并抽调整理、整顿、清扫活动的责任人任副组长，组员由整理、整顿、清扫作业人员随机抽调组成，管理小组成员人数根据施工现场实际情况确定。

（2）建立考评和奖惩制度：清洁工作管理小组通过会议、讨论等方式建立清洁监督考核机制，包括检查类别、考核频次、要求及考核结果处理方法等。细化考核方案和奖惩制度，做到奖罚分明。施工现场作业人员和管理人员要认真执行，检查人员逐一检查，不留死角。考评可采用定期与不定期检查，规定每周（月）的检查次数，如对整理、整顿、清扫、清洁工作的实施对象和重点实施区域进行每日检查。针对施工现场不同区域制定对应的考核方案，考核方案通常分为两种：一种是适用于施工现场、预制厂等场所；一种适用于办公室、现场工作人员生活区等场所。

（3）评价结论要做到有分析、有整改方案、有落实制度、有整改情况反馈。根据施工现场具体情况制定详细的评分标准。如每次检查规定基础分，确定每一检查项加分或减分标准，针对各个区域整理、整顿、清扫工作的具体完成情况，对照每一项进行加分或减分，得到最后的评分。检查结果应及时公布在管理看板上，并要求相关责任人、责任单位（部门）对检查发现的问题限时整改。检查现场或检查过后召开会议对检查结果进行评价，评价内容包括：是否按照已制定的整理、整顿、清扫执行标准进行工作、完成度如何、为实施区域带来了哪些变化、后续改进完善要求等。

通过过程考评，使施工现场作业人员自觉加强并重视整理、整顿、清扫、清洁工作，提升发现并处理异常情况的能力、制定基准的能力和维持管理的能力。增强施工现场作业人员标准化意识，本着高标准、严要求的原则，严把整理、整顿、清扫、清洁工作质量，为落实标准化助力。标准化能否取得成效，关键在于管理人员的认知程度，管理人员需统一认识，把整理、整顿、清扫、清洁当成加强安全管理的基础工作，思想上给予足够重视，深入施工现场，查隐患、抓管理，才能够真正助力落实标准化。

6.4 清洁的提升

清洁的目的是要构建能够维持并完善整理、整顿、清扫成效的有效机制，更高层次的目标是要改变施工现场管理人员和作业人员对整理、整顿、清扫的认识，在清洁中做好转移非必需品、放置好必需物品、清扫脏污工作，维持和改善已取得的成效后，找到产生问题的根源，转变为更高级的预防型整理、整顿、清扫，如图6-4所示。要形成预防型整理、整顿、清扫，作业人员需重视对根源问题的思考而非按照制度要求、规则标准机械性地进行整理、整顿、清扫。一方面从根源问题着手，通过六何分析法多追问"为什么"；另一方面，在清洁中强化"环境改善、素养提升"的意识，全面提升清洁成效，进而有效节约人力、物力，避免在清洁过程中花费多余的资源重复整理、整顿、清扫工作，提升施工现场作业效率。

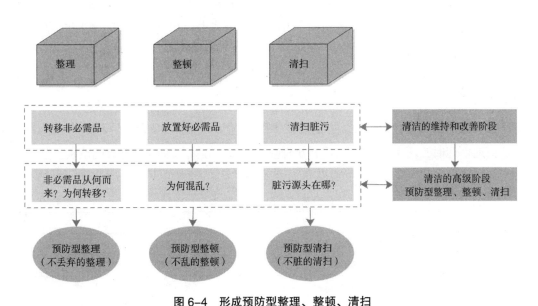

图6-4 形成预防型整理、整顿、清扫

6.4.1 多追问"为什么？"

在维持已取得成效的同时，需对整理、整顿、清扫工作多追问"为什么？"，找出问题存在的根本原因，改进并完善，推进形成预防型整理、整顿、清扫。

1. 追问为什么会产生不需要的物品

尝试探寻产生不需要物品的根源，其中，人对物品的思考方式是产生不需要物品的最根本原因。不同人对物品的考虑方式不同，包括物品的种类、数量、型号等，不同的思考方式下，某个时间点便会在施工现场产生不需要的物品。另外，施工现场作业种类及流程也是产生不需要物品的原因，施工现场作业种类多，部分作业流程繁杂，所使用物品若未及时处理，便会产生不需要物品。此外，配合现场作业的材料采购、进场设备及其管理方式，在不同时期应做相应调整，合理安排材料采购、设备进场时间、放置场地等，否则也会出现不需要的物品。

2. 追问为什么会造成零乱

造成施工现场零乱的物品有材料、机械设备、设施、零件、半成品、成品、工器具等，负责搬运的作业人员会因为没有确定放置场地而随便放置，或者放置场所已经满了暂时放在旁边等行为。另外，作业人员对于零乱的认识及思考达到了什么程度，是否掌握基本的物品放置方法，材料、机械设备、工器具等进出现场是否按规定要求执行、时间是否与计划吻合，放置场所是否做了相应划分等都是我们需要追问的内容。

3. 追问为什么还要清扫

现场作业产生的粉尘和废料，被风吹散的堆放材料，车辆进出场地带来的脏污，现场工作人员造成的垃圾等都会随着时间而逐渐扩散，时间越长影响范围越广，需要清扫人员时刻清扫，看到现场的废料、垃圾、灰尘或者碎屑就需要清扫，同时要追问为什么还要清扫？为什么还会产生脏污？这样追问"为什么"探寻问题根源对于找到脏污源头至关重要，从根本上缩小脏污扩散范围，断绝脏污产生根源，不再花费多余精力进行清扫。

在反复追问"为什么"时，可借助表 6-2"六何分析法（5W1H）"去思考，从"何事、何地、何时、何人、为何"五个方面进行分析，寻找更加科学有效的改善方法。

六何分析法（5W1H）   表 6-2

	观点	改善要点
What（何事）	为何需要做？对工程最终目标有何帮助	取消该作业点，其他作业可以顺利进行吗
Where（何地）	为何在该区域	可以选择其他地点吗
When（何时）	为何选择此时做	调整时间后效果变化了吗
Who（何人）	为何选择那个人	改变人员组合和职责，效果会有变化吗
Why（为何）	为何这么做	追问这么做的原因
How to（如何做）	为何采用这个方法	有没有其他更有效的方法

6.4.2　强化"环境改善、素养提升"的意识

人的意识是贯彻实施预防型整理、整顿、清扫的根本。可以从"培训改变人、环境影响人、管理规范人"来改变，提升管理人员和作业人员的思考方式，强化"环境改善、素养提升"的意识，贯彻实施"预防型整理、整顿、清扫"，打造一流的现场施工环境，高效利用施工现场资源，提升施工现场作业效率，稳定工程品质，减少施工现场安全隐患。贯彻实施预防型整理、整顿、清扫，可以从以下几个方面思考如何改进：

（1）非必需品之所以出现，追根究底是由于人们对物品有意识的思考方式而导致。每个人想法不同，即使某个人认为需要，但是其他人可能认为不需要，这就需要制定标准，从制度上规定好施工现场中不需要的物品在什么时间、通过何种方式离开施工现场，并确定负责人。这样才能做到不需要的东西从一开始就不出现在作业现场，从而做到"不丢弃的整理"。

（2）培养人们对物品的整顿意识，运用整顿方法进行彻底的整顿，准确定位放置场所，明确管理物品的规则。反复确认是否在施工现场做到了"物品在哪里""什么东西""多少东西""物品更换频率""物品使用流程"等基本要求。这需要作业人员做好标识，明确物品进出现场的规则，让所有进入现场的作业人员都能够一目了然，达到任何人任何时候想用任何东西都可以立刻拿出来使用的状态，并且能够很好地维持这一状态，做到"不乱的整顿"。

（3）施工现场时常能够看到灰尘、垃圾、废料等，因此需要进行反复清扫，当脏乱扩散后，清扫范围也变大了，就需要花费更多时间或更多的人进行清扫。为避免浪费人力、物力，应实施源头控制，如对易产生粉尘的材料进行覆盖，对进入现场车辆进行车轮清洗等方式切断污染源。维持作业环境干净整洁的状态，要把"变脏了再打扫"的想法转变为"怎么做才能不变脏"，思考产生脏乱的原因，切断产生脏污的源头，做到"不脏的清扫"。

第7章 素养：提升素质，养成习惯

素养（SHITSUKE）是在整理、整顿、清扫、清洁反复执行和持续优化基础上，以环境改善促使施工现场人员自觉遵守规章制度和养成良好工作习惯，通过开展素质教育、标杆管理、可视化管理及交流学习，进一步提升施工现场人员的素质和修养。

7.1 素养的作用

素养管理的核心是提升施工现场人员的综合素质和修养，在施工现场营造积极向上的氛围和文化。如果现场管理人员和作业人员缺乏基本的素质和修养，6S活动就难以持续开展，也就难以提高施工现场管理水平。任何管理模式都是以人为中心，人是生产力最活跃的因素，只有加强施工现场人员的素养管理，"整理、整顿、清扫、清洁"活动的持续开展才会有最基本、最重要的保障，也才能形成良好的项目文化、提升企业核心竞争力。

1. 养成个人良好习惯，提升人员素质

素养提升的目的是培养具有良好习惯、自觉遵守规章制度的现场管理人员和作业人员，营造良好的团队建设氛围；规范现场管理，消除人的不安全行为，实现安全生产。施工现场管理人员和作业人员良好的工作习惯具体指：具有强烈的时间观念，遵守晨会、出勤、会议或其他约定时间的习惯；着装整齐，正确佩戴证件和各类防护用品；时刻谨记安全生产要求和安全操作规程，不违反劳动纪律，不违章作业，同时提醒身边的工友不违章作业；自觉维护施工现场作业环境的整洁，保持文明礼貌。通过这些简单易行、琐碎的每日反复行为，潜移默化地改变以前的不良习惯，使保障安全成为现场所有人员的主动行为。

如果现场管理人员和作业人员不养成良好习惯，不按规定佩戴劳动防护用品，在巡检中走马观花，发现问题不及时处理，存在一些侥幸心理，例如，"只要机械设备还能运行就是没问题，工作一会儿就结束，以前都是这样做的"等，将会导致施工状况和现场管理混乱，甚至可能引发安全事故，造成不良后果。

因此，施工现场的每一位管理人员或作业人员都应该养成自觉遵守现场管理行为规范的良好习惯，对于发现的问题，能自己解决就立刻解决，不能解决的要及时反映。

从内心接受并遵守 6S 管理的要求和标准，不断提醒自己注意遵守施工现场管理制度，努力提高个人综合素质。

2. 促进项目文化建设，提升核心竞争力

施工现场管理是一项综合性很强的工作，施工过程中涉及多个专业，现场管理工作繁琐、管理对象复杂，大量的材料、工具和机械设备需要移动，工序转换和场地转移频繁，产生的废弃物品也比较多，施工现场往往容易出现脏、乱、差的现象。各类规章制度、操作规范需要作业人员的执行与配合才能保证其有效性，因此，需要施工现场每一位员工自觉遵守规章制度和养成良好工作习惯。

建设良好的项目文化、提升企业核心竞争力是对人员素养管理的高层次追求。员工个人素养的提升，不但可以促进作业人员形成遵守规章的工作作风和良好习惯，保持施工现场干净整洁，有效改善作业人员和施工现场面貌，还能有效促进管理人员与作业人员更好地凝聚在一起，让员工感受到团队合作的氛围，自觉强化团队合作意识，使组织能够焕发强大活力，进一步提升项目文化建设和核心竞争力。

7.2　素养提升的方法

素养提升仅依赖于个人或特定部门管理是远远不够的，需要全体人员共同行动。因此，改善不良工作状态并致力于实现本质安全目的素养管理应当贯通于项目文化建设全过程，素养的培育及其固化需要上升到整体层面，开展多种类的实践活动。素养提升的方法主要有素质教育、标杆管理、可视化管理、交流学习，如图 7-1 所示。

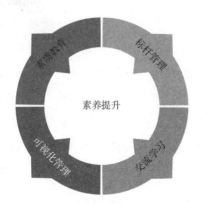

图 7-1　素养提升的方法

1. 素质教育

素质教育，是以全面提高人员的基本素质为根本目的，以尊重人员的主体性和主动精神为基础，注重开发人的潜能为根本特征的教育。以素质教育为抓手，开展文明施工宣讲活动，提高人员对素质教育思想的认识，促使人员在自主活动中将外部影响主动内化为自己稳定的身心素质。

例如，港珠澳大桥岛隧工程项目总经理部领导率宣讲队赴东、西人工岛，桂山沉管预制厂等施工现场开展文明施工宣讲活动，4 名宣讲员与 2000 余名一线员工一起分享了文明施工的小故事和体会，如图 7-2 所示。

图 7-2　现场 6S 管理宣讲

在《小纽扣与点烟器》的故事中，用一枚小小的电子芯片来保障员工的安全，一个现场员工发明的点烟器既巧妙解决了"烟民"在隧道中施工的无火之苦，又消除了隧道内乱用打火机带来的安全隐患；一位员工从自己乱扔烟头被罚款的事例说起，讲述了文明施工非小事，要从我做起，从"不乱扔小烟头"这样的细节做起，养成良好的习惯。一位副经理被称为"兢兢业业的设备管家"，他要求每次任务完成后给混凝土罐车过磅，检查罐车内部混凝土残留清除是否满足制度要求；日常混凝土罐车在停放区域要停成一条直线，并持之以恒保证设备一尘不染。他充满信心地发起挑战：文明施工，我们可以做得很好，那你呢？

在《严格就是大爱》宣讲中，强调抓好现场文明施工管理，加强标准化建设，要"严"字当头；文明施工、标准化建设与质量、安全紧密相连，建设标准化文明工地，为的是大家安全和百年工程质量，更是为履行"保大桥使用 120 年"的庄严承诺。这些宣讲活动让大家更明白文明施工的意义、作用，养成良好习惯，做好每一个细节，才能更好地建设超级工程。

2. 标杆管理

标杆管理又称基准管理，其本质是不断寻找最佳实践，以此为基准不断"测量分析与持续改进"。标杆管理可以帮助创造自身的管理模式或工作标兵，是实现管理创新并获得竞争优势的最佳工具。标杆管理由立标、对标、达标、创标四个环节构成，前后衔接，形成持续改进、围绕"创建规则"和"标准本身"的不断超越、螺旋上升的良性循环。这是一个有目的、有目标的学习过程。

例如，港珠澳大桥岛隧工程将标杆管理方法应用于素养推进过程中，对工作人员进行考核评比，选出工作模范并在员工队伍中开展广泛宣传。通过这样的激励方式，号召大家以工作模范为标杆，找出差距、消除差距，实现对标、达标，向工作模范学习，勇创新业绩，力争让自己也成为员工队伍中的标杆。2015 年底，岛隧工程项目总经理部在沉管预制厂举行"岛隧工程铸就理想，决战之年再立新功"演讲比赛总决赛（图7-3），来自项目总经理部和各工区的 15 位选手被评为标杆，选手们涵盖了设计、质量、安全、计划合约、宣传、船员、工程技术、物资设备、作业班组等各条战线，项目总经理部和各工区的 1000 多名一线建设者现场聆听了选手们精彩的演讲。

图 7-3　员工演讲

在演讲现场，15 名优秀选手结合自身工作，阐述了亲身参与岛隧工程建设的体会和感悟，讲述了自己和身边人的故事。他们分析了 2016 年面临的风险和挑战，表示要"有咬定青山不放松的毅力，有打通最后一公里的坚持，有无限风光在险峰的追求，更要有敢为天下先、山高人为峰的霸气"，全心全意做好本职工作，在决战之年再立新功。

5 年多的参建经历，已经把岛隧工程的"没有最好，只有更好"的精品意识镌刻到每一位建设者的心中。员工们像爱护自己的眼睛一样爱护模板，像爱护自己的眼睛一样爱护成品，让精品深入人心，让精细成为习惯。"亲身经历、切身感受"的演讲引起了全体员工的共鸣。5 年多的风雨同舟，5 年多的相濡以沫，让来自五湖四海的建设者团结成了一个坚强的集体，演讲更增添了一线员工们战胜困难的信心和建设好超级工程的勇气，使得员工们持续攻坚克难，持续保持施工激情，最终一定能取得"决战之年"的胜利。演讲比赛进一步激励各条战线的建设者拼搏奉献，激发全体员工始终保持"永远在路上"的施工激情，增强建设超级工程的荣誉感、自豪感和责任心，以全新的面貌再立新功。

3. 可视化管理

在施工现场中进行"可视化管理"，是一种使现场人员直接辨识现场状态，从而解决问题的管理方法。为推行可视化管理，施工现场中的产品流动方式、信息传送方式、作业操作方法和管理方法等所有方面都能让人一目了然，需要严格贯彻"6S 可视化"，从而一眼就能看出 6S 管理处于正常或异常状态，确认员工"是否遵守规则"，对异常状况"零容忍"。在提出"为何会出现异常""为何会变乱"等疑问的同时，不断寻求真正的原因。

4. 交流学习

交流学习主要包括内部交流和对外学习交流两种。

（1）内部交流。

通过项目部内部交流，让每一位员工都从自身做起，加大 6S 管理推行力度，坚持精益求精，将 6S 管理融入每一个区域、每一个分部分项工程、每一道工序、每一个班组，不断提升施工现场管理水平，展现项目部的优秀形象。

例如，港珠澳大桥岛隧工程项目总经理部组织各工区人员在沉管预制厂、各施工区域及"津安 2""津安 3"沉管安装船上开展交流学习活动，细致察看材料、工具、设备、安全防护装置、标识标牌等设施，认真观摩沉管预制生产线、沉管安装船的设备管理情况；在交流会上，听取Ⅲ工区二分区在标准化文明施工的有效措施和经验介绍，并围绕 6S 管理举措、材料管理、班组建设、人员培训等方面内容进行了深入交流和探讨，为各工区进一步提升 6S 管理水平提供有益借鉴。各工区开展 6S 管理交流活动如图 7-4所示。

图 7-4　各工区 6S 管理交流活动

（2）对外学习交流。

为提高项目部管理人员和作业人员的业务水平，采取"走出去、请进来"的学习方式，积极组织业务骨干分批次前往优秀项目学习考察，借鉴先进管理经验，提高项目部人员的责任意识、技术水平、岗位操作技能，为保证施工安全和工程质量提供了素质保障。

例如，港珠澳大桥岛隧工程项目总经理部（以下简称"岛隧工程项目总经理部"）组织骨干人员到日本考察学习 6S 管理经验，回国后举办了赴日考察交流会。岛隧工程项目总经理部结合项目 HSE（健康、安全、环境）管理、施工生产管理、施工设备管理等实际与考察内容进行对比分析，详细汇报了在日本参观的 6 个对口先进项目的感受与心得体会，同时通过大量的图片和影像资料，将所见、所闻、所想一一介绍给与会者。与会者深受启发，提出各工区要创新理念，抓好标准化管理，把发达国家先进管理方式为我所有、为我所用，与世界地标性建筑建设相匹配，为百年精品打实基础。岛隧工程项目总经理部赴日考察交流会如图 7-5 所示。

图 7-5　赴日考察交流会

岛隧工程项目总经理部组织相关人员到中山市广东三和管桩股份有限公司、广州市广汽丰田汽车有限公司（以下简称"广汽丰田"）等参观工厂标准化管理，进一步夯实沉管预制厂标准化管理工作，如图 7-6 所示。

图 7-6　组织员工参观

在广东三和管桩股份有限公司报告厅，参观团一行认真听取三和管桩的经营理念、生产工艺、工厂标准化管理等情况，参观工厂管桩工艺生产流程，从原材料检测、混凝土搅拌、编笼、布料到张拉、离心、蒸养，到最后的成品仓库，都具有一整套科学、高效的标准化操作规程，确保了三和管桩的高品质、高效发货、出售。

在全球知名的汽车生产制造商——广汽丰田汽车有限公司参观时，大家听取了广汽丰田企业概况、生产能力、员工培训、企业文化建设等情况的介绍，参观车间生产线、员工培训道场、职工休闲活动区、安全教育及预防措施等。广汽丰田的生产数量与故障目视化管理、各科室各班组标准化管理板、参观通道及物流专用通道、现场培训道场、不良产品展示台等管理细节给大家留下了深刻印象。参观团成员就产品生产过程监控及手段、不良产品处理教育、员工招聘与培养、班前会等问题与广汽丰田相关负责人进行了深入交流与探讨，有针对性地发现标准化管理细节与要领，为港珠澳大桥岛隧工程项目真正推进标准化、精细化、6S 管理提供有益借鉴。

7.3　素养提升的要点

素养的提升需要把握以下几个要点：提高认识、统一标准、领导表率、团队自省、持续推行，如图 7-7 所示。在素养提升过程中由己及人，循序渐进，形成全体人员均具备素养的良好景象。

图 7-7　素养提升的要点

1. 提高认识

提高认识是推进素养管理的首要环节。只有让施工现场的作业人员从内心深处认识、认同素养的内涵和重要意义，才能实现作业人员对素养管理的主动接受与实施。而素养认识的提高需要通过加强教育培训、开展各项活动来实现。

（1）让素养意识入眼入耳入心。

提高素养意识是提升队伍素养的基础。先入眼，例如参观有关单位，学习先进做法。其次入耳，岛隧工程项目总经理部在东、西人工岛和桂山沉管预制厂分别设立"东岛论坛""西岛课堂""桂山讲堂"等平台，对员工开展系统性培训，提升员工综合素质；塑造岛隧工匠、培养产业工人，在每个岛都设置职工夜校，作业人员需要什么，项目部就培训什么，有针对性地提高作业人员操作技能和综合素质。长此以往，通过熏陶与培训即可达到入心。岛隧工程预制厂现场、设备的一尘不染彰显了作业人员的专业素养，如图7-8所示。

图7-8 预制厂现场、设备一尘不染

例如，岛隧工程项目部通过提高素养意识培育新时代产业工人，助推工程建设高质量发展。具体做法归纳为"三个人"：让培训改变人、让环境影响人、让管理规范人。

①让培训改变人。作业人员的培训过程在培训园中完成，培训园由进场登记、健康体检、多媒体教学考试、实操培训考核、安全体验、质量体验六大模块组成，是作业人员进场必经的程序，作业人员通过进场培训考核后，发放智能工卡和工作服等个人劳动防护用品。培训园还负责作业人员日常安全质量和职业技能的教育交底、培训考核取证工作。

②让环境影响人。为了从源头上消除施工现场、驻地安全风险，让作业人员吃好、睡好、体面的工作、生活，提高工作积极性和工作效率，减少现场违章和安全风险，进而提升作业人员个人素养，项目打破传统，围绕集中化布局、社区化管理、保姆式服务三大理念，打造产业作业人员生活园，给作业人员家的温暖。

③让管理规范人。现场管理工作中管理人员起到指导、协调的作用，将现场的规

范管理融入施工过程的每个细节、每处场地。作业人员严格执行各类规章制度、操作规范，保证其行为规范性。全体人员共同巩固班组作业标准化成果，打造工厂化作业环境，让环境促进作业标准；深耕班组作业标准化，把规定动作做细做实。同时，项目在公司现有班组作业标准化成果上，参考驾照分值管理，创新实行积分扣分制，实行班组人员管理升级。对现场施工人员进行合理安排和管理，使其具备较高的专业能力与综合素质。

（2）消除员工顾虑。

6S 管理大多用于固定的、流水化作业的工厂车间和服务行业，在施工现场用之甚少。施工现场点多、线长、面广，大多露天作业，场地、工序变化较快，而且绝大部分场地没有硬化，机械设备、材料种类繁多，基本属于动态管理，也许有些员工会提出疑问，6S 管理适合施工现场吗？甚至还有些传统观念认为建设工地本来就是脏、乱、差，没有必要清扫，作业人员素质参差不齐，很难改变习惯，提高素质。

施工现场确实存在上述问题，但这些观念和认识并不正确，应通过不断加强宣传教育，消除管理人员和作业人员的顾虑，让现场人员认识到：正因为施工现场作业区域复杂、多变，设备、材料种类多且使用分散，施工工序繁多且不断变化，施工作业人员流动性大且素质参差不齐，容易引发安全隐患和质量缺陷，所以才更应该推行 6S 管理。通过整理、整顿、清扫、清洁活动，营造干净、整洁、清爽的施工作业环境，消除"物的不安全状态"；通过清洁和素养活动，规范和引导作业行为，提高现场作业人员的素质和修养，消除"人的不安全行为"。通过 6S 管理活动的实施将标准化管理要求深入落实到施工的每一个环节，贯彻"人造环境、环境育人"的管理思想，促进施工现场环境改善和员工素养提升，实现施工现场安全化生产。

（3）正确认识 6S 管理。

任何一种好的管理方法，都需要得到全体员工、特别是高层管理者的支持。在开始实施 6S 管理前要统一思想，达成共识，上行下效；要让管理人员和作业人员充分认识到开展 6S 管理的益处，要让他们明白 6S 管理不仅仅是简单的"搞卫生"，而是一种科学的管理方法，是施工现场管理的基础工作，因为它改变的是人的习惯和行为，而人是一切工作的关键。项目部管理人员和作业人员必须拿出十分的精神和努力，统一思想，拧成一股绳，共同推进施工现场 6S 管理。

2. 统一标准

标准的统一是项目文化建设的载体，也是标准化建设的一项重要内容。素养的统一标准包括：统一召开班前会、班后会等纪律标准；统一工作服装、胸牌、安全帽等识别标准；统一悬挂标识标牌、遵守安全生产要求和安全操作规程等工作标准；统一办公室、宿舍、食堂等配置标准；还包括"整理、整顿、清扫、清洁"环节的标准化、日常化、习惯化管理要求等。

在实施上述各类标准过程中，有助于培养员工对项目文化及管理理念的认同感，有助于树立项目部良好的整体形象。作业人员的标准统一，不仅展现项目部人员统一、整齐、积极乐观的精神面貌，也承载着项目部对自己、对员工、对社会的责任感和使命感，给外界留下组织规范、管理有序的整体印象，更是项目部管理科学化、规范化、标准化的载体和窗口。

例如，岛隧工程项目总经理部在施工现场要求：统一工作服装、胸牌、安全帽等识别标准；统一悬挂标识标牌、现场保持一尘不染等工作标准；统一办公室、宿舍、食堂配置标准等，如图 7-9 和图 7-10 所示。同时，项目总经理部强调，所有作业人员必须统一穿着工作服、工作鞋、安全帽上班，在高空作业必须按照高挂低用的原则佩戴安全带，水上作业、临水作业、乘坐交通船必须穿救生衣。上述措施除有效保护施工现场作业人员的生命安全外，对形成良好的项目文化、提高施工质量等都有着积极的意义。

图 7-9　统一工作服

图 7-10　现场统一悬挂 6S 标识牌

3. 领导表率

榜样的力量是无穷的，在推行任何新的管理方式和方法都离不开领导层的表率作用。在 6S 管理的推行过程中，如果领导主动整理现场的杂物，对周围下属的影响是"此时无声胜有声"的效果，促使其他作业人员严格要求自己，自觉养成良好的行为习惯。领导对 6S 管理作用的理解和领会、表率及坚持，对推行 6S 管理十分关键，"头雁"效应非常突出。通过高层管理者带头实施 6S 管理活动，传达努力实施 6S 管理的热情，由此激发全体员工贯彻落实 6S 管理要求的活力，提升员工的整体素养。

4. 团队自省

团队自省是指团队成员通过对各自工作过程进行回顾，找出过程中的缺陷与不足，并针对性地进行整改完善，从而更好地实现工作目标。在素养管理中，团队自省是提升团队成员自我复盘能力的关键环节，团队成员通过回顾工作的开展情况，能够更清晰地了解自己的工作能力，通过反思工作中的不足，在目标实现过程中持续改善，促使团队成员自我能力与素养的提升。在复杂多变的施工环境中，项目成员更需要进行持续的团队自省和回顾，促使团队在工作中对新的环境与挑战做出及时反应。

5. 持续推行

素养提升离不开作业人员对前 4S 活动的持续推进，作业人员严格按照整理、整顿、清扫、清洁的规范要求，自觉履行责任，养成良好工作习惯，实现素养管理实化于行。同时将 6S 管理与现场日常管理相结合，6S 管理得以持续深入的落实，现场作业环境持续改善。在安全整洁的环境下作业，对现场作业人员形成了潜移默化的影响，6S 管理的内在要求逐渐成为员工作业时的自主习惯，实现素养的持续提升。

7.4 素养提升的成效

1. 人员素质整体提升

通过开展素质教育、标杆管理、可视化管理及经验交流学习，促使施工现场全体工作人员自觉养成良好的工作习惯，规范自己的作业行为，每一位员工的素质和技能都得到有效提高。管理人员能够严格做到以身作则层层把关，作业人员能够虚心做事认真严谨，全体人员从上到下严格遵守规章制度，形成良好的职业素养和积极向上的团队精神，个人素养的提升有效促进团队凝聚力的形成，进而促进项目文化建设，项目文化的辐射功能又推动个人素养的进一步提升，进而促进现场人员素质整体提升。

2. 施工现场井然有序

遵循"环境改善、素养提升"反复循环和持续提升的过程，实施培训改变人、环境影响人、管理规范人以提升个人的素质和修养，让员工的素养意识内化于心、外化于行，在素养全面提升的基础上主动落实 6S 管理要求，进一步推动施工环境持续改善，时刻保持施工现场环境干净整洁、清新美观、井然有序。

3. 现场管理提质增效

运用 6S 管理方法对施工现场进行区域划分，对物资存放场、材料加工场的原材料进行整理，可减少零部件的不必要损失和浪费；整理、整顿环节的实施会明显减少二次搬运和反复修整，能够有效提高员工的工作效率和工作积极性。通过实施 6S 管理活动，对施工现场进行全局性统筹规划和标准化、规范化管理，整理、整顿、清扫、清洁活动的开展有力促进施工现场营造干净整洁、规范美观的作业环境，为员工自觉遵守规定创造良好条件；清洁、素养活动以环境育人促使作业人员素养的养成，保证作业人员在工作中拥有良好的精神面貌，以保障生产安全，促进生产效率的全面提升。

第8章 安全：消除隐患，保障安全

安全（SAFETY）是在实施前 5S 以实现"人造环境、环境育人"的基础上，消除物的不安全状态和人的不安全行为，通过尊重作业人员、做好后勤保障、开展安全教育、落实安全制度等措施为施工现场提供安全保障，为作业人员创造安全作业环境。可以说，安全既是 6S 管理的一项活动，又是 6S 管理的核心，最终目标是实现工程本质安全。

8.1 安全作业的意义

施工现场属于安全事故高发区域，安全作业十分重要。安全是作业人员权益得到保障的前提，是施工现场管理所有工作得以顺利开展的基础。对施工企业来说，安全代表着形象和效益，安全管理是第一管理。要做到施工安全，就要保证规范操作、安全保障及防范措施切实可行、安全防护设施齐全有效，并激励员工的主动性和创造性，让员工自觉服从管理，主动参与管理。前 5S 的贯彻实施都是为消除隐患、保障安全而服务，安全作业意义深远。

1. 保证作业人员人身安全

施工现场生产如果引发职业病或伤亡事故，不仅会使作业人员受到伤害，而且使其家庭蒙受不幸，给其家人造成心理上难以承受的负担。施工现场安全最重要的使命是保证劳动者的人身安全、职业健康，让作业人员放心，使之能更好地投入工作。加强施工现场安全管理，需要不断改善作业人员工作环境、工作条件，防止事故和职业病发生，这是一项严肃的任务。推行 6S 管理后，施工现场人员通过熟练运用和坚持施行 6S 管理方法，持续培育安全意识，养成良好的安全工作习惯。

2. 保障施工生产顺利进行

随着 6S 管理活动的持续推进，施工现场就会呈现出：施工通道畅通无阻、工具摆放井然有序、机械设备停放规范、设备设施运转顺畅高效、办公环境干净整齐、施工作业环境始终保持整齐清洁、作业面干净宽敞、人员工作认真负责心情舒畅，施工过程中可能出现的安全风险将会得到有效控制和防御，安全隐患就会降到最低甚至消除，就能够保证全体人员的作业安全。对施工现场生产实施有效的安全管理，全员参与，通过"精、准、严、细、实"的规范化、流程化管理，提高安全管理的精细化程度，并持续改进、不断完善，提高工作场所的安全系数，使施工生产更加顺畅，有效保障工程建设安全平稳，避免安全生产事故的发生，为施工安全生产提供最根本的保障。

3. 减少经济损失

施工现场通过整理、整顿、清理闲置材料，对积压的废旧材料进行资源化处理，减少不必要的浪费；科学合理布置施工场地，物资材料设备使用便捷，避免在人员、设备、时间、资源等方面造成不必要的浪费；建立健全安全生产管理体系，严格执行安全操作规程，防止错误操作而引发安全事故，避免给施工生产带来巨大的经济损失。

8.2　消除安全隐患

1. 安全隐患的内涵

施工现场安全隐患主要来源是"人的不安全行为"和"物的不安全状态"。"人的不安全行为"主要包括：人员主观上的不安全行为和客观上的不安全行为两类。主观上的不安全行为包括疲劳作业、心理因素、违规操作、缺乏安全知识等，例如：人员工作状态不佳，承受巨大的身体和精神压力；违章作业，不遵守安全基准；认为安全是"这点小事"，存在侥幸心理；总是"老一套"，搞"形式主义"。客观上的不安全行为包括指挥失误、交叉作业、施工条件受限等。

"物的不安全状态"包括：①材料和成品、半成品放置混乱，水管和电线类乱放，钢筋、水泥、垃圾等混杂摆放；②作业环境不良：作业环境交通不畅、作业任务艰难繁重，作业区域有污水或油渍，作业区域和孔洞、高处、临边等没有警示及防护设施，施工区或通道斜坡坡度过陡等，这些不仅可能导致事故发生，还会引发职业性疾病；③机械设备出现故障：设备存在跑、冒、滴、漏现象，设备设施残旧老化，一些机械设备非常纤细，通过精密的电子零部件工作，而这种操控装置由于垃圾或尘埃非常容易发生故障或者问题；④不明确的标识张贴：标识令人辨别困难，包括安全卫生、防灾标识、警示标识、操作系统标识等，这将导致作业人员误操作、误判断，引起重大事故；还有一些其他方面，如饮食卫生、临时用电、消防、特种设备、防台防雷防汛、施工作业等存在的安全隐患。

2. 如何消除安全隐患

通过整理、整顿、清扫、清洁的开展，以改善环境、提升素养为基础，高标准执行各项安全措施，将现场可能会导致安全事故的危险源予以有效消除，在前 5S 活动基础上安全化、规范化作业。通过素养提升形成对施工工序的可视化改善，消除人的不安全行为，杜绝物的不安全状态，营造安心、安全的作业环境。

（1）整理、整顿可消除的安全隐患。

①规范材料放置。材料、半成品放置在指定位置，水管和电线类摆放整齐，钢筋、水泥、垃圾放置在各自指定堆放区，这样能够保证作业区、存放区整洁有序，人员、车辆通行畅顺，不会碰到、磕到、踢到材料杂物，堆放的材料不会倒塌、不会撒落等，可有效保障安全。

②保证作业环境交通顺畅。合理规划各类材料放置区域，大大减少材料的装卸次数、缩短运输距离、增强运输时安全防护；减少材料滞留，现场无杂物，通行顺畅；作业空间增大，碰撞减少；作业人员工作时操作便利、工作量减小、心情舒畅。

③明确标识张贴要求。作业人员能快速准确进行判断和操作，高效率完成工作任务。

④定期对饮食卫生、临时用电、消防、特种设备、防台防雷防汛等进行检查，有损坏、运转不正常情况立即维修或更换，保障作业人员的人身安全。

（2）清扫、清洁可消除的安全隐患。

①排除机械设备故障。设备发生故障时，立刻停止工作、及时处理；对机械设备实施定期清扫、点检、保养、润滑管理，有效减少设备的故障发生频率，避免对操作设备的作业人员的伤害。

②及时处理施工现场的灰尘、污迹、油迹。保证施工现场干净、整洁，车辆平稳行驶，作业人员可安全快速行走。

③及时清理作业现场。作业人员每天工作结束后，花费5分钟对自己的工作范围进行整理、整顿、清扫；整理工作台面，将材料、工具、文件等放回规定位置，理顺电线，倾倒工作垃圾，关闭电源、气源、水源；每天工作开始时，对机械设备等进行作业前的检查。

（3）素养可消除的安全隐患。

①作业人员保持良好状态，精力集中，认真操作机械设备。

②严格执行安全基准，安全意识时刻牢记。

③提高作业人员业务水平，精准快速操作设备，完成工作。

3. 安全举措，一起行动

前5S助力消除安全隐患，可有效保障施工现场安全。但施工现场安全管理并非一劳永逸，在相对复杂的施工作业环境中，仍需采取相关安全举措，定期制定消除安全隐患的改善计划并有效落实，对检查中发现的各类隐患、问题，牢固树立"隐患就是事故""问题不过夜"的理念，做到"全覆盖、零容忍、强执行、重实效"，明确责任部门、落实责任人员、限定整改期限，密切跟进、严格督促落实。全体作业人员一起行动，拒绝违章作业、盲目作业、侥幸作业等，时刻保证自身安全。

（1）身心健康是安全作业的第一步。如果出现身体状况不佳、感冒、睡眠不足、胃痛等身体的亚健康状态，或者发生了不愉快的事情导致心情不畅等心理状态不佳，在作业过程中容易引发安全问题。因此，无论何时都应尽量保持最佳状态。每天要保证有规律的生活，充足的睡眠时间，适合自己的适量运动，保持良好的身心健康，愉快地投入工作。健康状态不好的时候要向负责人报告，请求工作安排上的照顾。

（2）穿戴个人安全防护用品，如安全帽、安全带、劳保鞋、手套、目镜、防尘口罩等。

（3）明确安全的作业方法并严格遵守。

（4）分析可能发生的危险源、施工风险，采取措施消除，不去做也不让别人去做不安全的行为。

（5）作业之前必须清点检查、逐条确认、立刻改善，让工作环境时刻保持安全状态。实施机械设备、设施等月度清点检查以及作业前的清点检查，将清点检查结果记录在检查单上，针对检查中发现的问题及时改进和完善；灵活运用清点检查工作，改善和构筑安全工作环境；过去曾发生过灾害或问题的地方一定要清点检查；不合适的做法或者潜在危险的地方要立刻改善。

（6）优先实施针对机械设备、设施和环境的安全对策，杜绝存在隐患的危险场所，确保机械设备、设施始终处于安全状态。

8.3 提供安全保障

1. 尊重作业人员

项目管理者一定要尊重劳动、尊重劳动者，让基层一线作业人员"体面劳动、全面发展"，实现他们对美好生活的向往，有尊严的生活，有尊严的工作，才能营造项目部自上而下的一种氛围，打造一支铁血团队，才能做出有尊严的工程。

（1）为充分发挥作业人员工作的主观能动性，可以邀请班组长参加办公会议，邀请作业人员共同参与联欢活动，让他们感受到来自企业领导的尊重与信任。

（2）在各种特殊关键工作期间对工作人员进行常态化慰问，让他们体会到企业的人文关怀，融入企业氛围。

（3）在施工过程中采取人性化管理，关心和尊重作业人员，通过激励机制调动作业人员的积极性和主动性。

2. 做好后勤保障

项目部需要从基层一线作业人员的角度出发，提供良好的生活条件，在衣、食、住、行、医疗等方面提供有力保障。食堂提供花样丰富、营养充足的食物，项目部要提供有效保障作业人员安全健康需要的劳动保护用品，如工作服、工作鞋、安全帽、救生衣、安全带、护目镜、口罩、手套等，有条件的要设置医疗室，配备医务人员，让作业人员能够及时就诊、便利就诊。只有当身体安全和健康得到保障，作业人员工作起来才无后顾之忧。管理人员要加强与作业人员之间的沟通交流，主动关心作业人员的工作和生活，增进彼此间的感情，加深了解。作业人员如果有生活或工作上的问题，可通过员工渠道及时向领导反馈，相关负责人及时跟进、沟通解决，保障作业人员的工作积极性。

例如，距珠海 30 公里的伶仃洋外海，有一座无人荒岛，它就是港珠澳大桥海底隧道沉管的孕育之地。为了能让坚守孤岛 7 年的 1000 余名建设者们有尊严的生活和工作，岛隧工程项目总经理部人性化地规划生活区和生产区。食堂、超市、洗衣房，医务室、净水站、卫星电视，还有 24 小时供应的冲凉热水，让作业人员有了家的感觉；孤岛上紫外线超强，大范围铺设人工草皮，减弱了强光的刺眼；生活区沿海的一片空地，修建成了文化广场，配备了各类健身器材和休闲桌椅，成为建设者下班后活动交流和给远方亲人们打电话诉相思的佳地；文化广场通往生产车间修了条水泥路，工人们兴奋地称之为"孤岛上的情侣路"。

每天清晨，工人们身着统一的工装，沿着"情侣路"列队到达生产车间，专设的工具箱、饮水处、休息亭、吸烟区、宣教室，给在两条流水线施工的作业人员提供了最人性化的工作环境；大车间旁边的一排厕所，全都铺上了白色的瓷砖，配备了洗手盆、纸巾，有专职的保洁员进行管理，任何时候进去都是干干净净，没有异味，让作业人员感受到了最基本的尊严。

"情侣路"、厕所、24 小时热水……不仅为劳动者营造了一个最整洁、最温馨的生产家园，更是体现了项目部对作业人员发自内心的尊重。6 年的超常付出，预制厂一千多名工人用"真感情"做到了"零隐患"，创造了浇注百万方混凝土无一条裂缝、设备连续高强度运转无一次卡壳、2203 天生产安全无事故的奇迹，更带来了因 E15 沉管延期安装造成预制厂"百日停工"，却没有一人流失的感动。

3. 开展安全教育

要高度重视员工的安全教育工作，建立健全安全教育培训制度，按规定对各级管理人员、作业人员、技术服务人员、参观人员、检查人员等开展针对性的教育培训、安全技术交底等，做好教育培训档案管理。

班前安全会是项目班组安全管理、作业人员接受安全教育培训的最重要途径，通过各级管理人员不懈努力，持续提升一线员工的安全意识和安全技能，强化班组的凝聚力，实现有效提升管理水平、保障施工安全的目标。

例如，港珠澳大桥岛隧工程沉管预制厂工区每天在班前会结束时班组长带领作业人员大声喊口号："我要安全！我要安全！我要安全！"长此以往，作业人员就会形成潜意识，意识到在工作中一定要注意安全，敬畏生命，保护自己。班前安全会如图 8-1 所示。

图 8-1　班前安全会及标准化讲台

　　岛隧工程项目总经理部以职工夜校为平台，开展了"西岛课堂""牛头岛讲堂""新市民夜校"等丰富多彩的主题课堂，日常安全培训主要内容包括：领导层、管理层安全意识培训；安全管理人员安全管理意识及技能培训；现场管理人员安全意识培训；新入场员工安全"三级教育"培训；岗位员工安全意识及技能再培训；应急预案演练培训；特种作业人员取证、复审培训；"三类人员"取证培训；环境保护培训；人员急救技能培训；外来参观人员进场前培训，如图 8-2~ 图 8-7 所示。

图 8-2　船员安全教育培训　　　　　　　图 8-3　施工作业人员安全培训

图 8-4　新进场作业人员安全教育培训　　　图 8-5　驾驶人员安全培训

图 8-6 机械设备安全和防坠落专项培训

图 8-7 安全生产法律法规专项培训

岛隧工程项目总经理部实施安全培训"走出去""请进来"。"走出去"指组织 HSE 管理人员及现场骨干外出参加 HSE 管理体系内审员培训，参加《公路工程施工安全技术规范》JTG F90-2015 解读与公路工程安全生产管理研修培训，两次参加住房城乡建设部建筑安全生产法规及标准规范培训，代表珠海市参加第七届、第八届"广东安全知识竞赛暨粤港澳安全知识竞赛选拔赛"知识培训并参加比赛，参加中国交通建设股份有限公司在各地组织的安全生产、应急管理培训等。"请进来"指邀请专业机构、人员对项目员工开展安全生产专项培训，包括开展法律法规相关培训、防台及船舶安全培训，广东省科普宣传办宣传中心开展防暑降温、职业健康、人员急救等培训；广州市消安防火中心开展消防安全、消防急救、人员急救等培训；中山大学附属第五医院开展职业健康、心理健康方面的检查及培训；专业咨询公司开展施工现场 6S 管理培训；AECOM 公司开展全面风险管理培训。

通过安全生产月、水生野生动物保护科普宣传月、防台防汛宣传周等活动平台，组织 HSE 教育培训宣传活动，并积极创新宣传教育形式，开展了"好搭档——安全知识结对竞猜"、HSE 总监"一对一"全员教育培训、协作队伍安管员技能比武、"我为安全献上一句心里话""我为安全献一策"、亲友寄语等活动。利用项目强大的宣传系统，如项目网站、项目报纸、报纸杂志、出版物、现场宣传栏、通信软件等加强 HSE 方面的宣传报道。

采取有效的方式方法持续开展安全教育培训和宣传，使安全理念深入人心。借助各类安全教育培训宣传活动，将安全知识、项目安全文化和理念以及班组建设要求等不断传达给一线员工，入心入脑，循序渐进地提高一线作业人员安全知识及意识水平，引导他们积极履行岗位职责，在项目施工中发挥其应有作用。

4.落实安全制度

（1）严格执行安全生产规章制度，并在管理实践基础上不断完善。施工现场应执行的基本安全管理制度包括：班前会、安全生产会议制度、安全生产检查评价制度、安全生产教育培训制度、施工安全技术交底制度、施工安全风险评估制度、专项施工方案的编制和审核制度、安全生产应急管理制度、生产安全事故报告制度、劳动防护用品配备和管理制度、施工现场消防安全责任制度、危险品安全管理制度、特种作业人员管理制度、安全生产奖罚制度、施工作业操作规程等。

（2）按照安全生产检查评价制度积极配合各类安全生产检查，检查目的是确保各项安全生产规章制度得到有效贯彻落实并识别出安全风险、隐患，查人的行为是否合规、查物的状态是否安全、查安全管理是否完善、查安全防护设施是否齐全有效等。安全检查的内容应包括"人机料环法"涉及的各个方面，包括指令性检查、综合性检查、现场日常巡查和防台防汛、防暑降温、水上安全、环境保护及野生动物保护、消防安全、特种设备、标准化施工等方面的专项检查，对检查中发现的各类隐患、问题，牢固树立"隐患就是事故""问题不过夜"的理念，做到"全覆盖、零容忍、强执行、重实效"，按照期限进行严格落实整改。

（3）按照相关管理规定，执行临时用电、标志标牌、个体安全防护、机械设备设施、临边临水孔洞防护、场站建设等方面的安全生产标准化管理制度。

以港珠澳大桥岛隧工程为例，港珠澳大桥岛隧工程因不能跨越主航道，需要在海中修建两个人工岛实现桥梁和隧道的转换。筑成东西两座人工岛后，要实施岛上暗埋段隧道施工，当时岛上没有一处遮阳的地方，夏季热浪滚滚就像是一个"海上沙漠"。工人们要下到 20 多米深的基坑里，绑钢筋、支模板、浇混凝土，坑内温度近 40℃，钢筋表面更是超过 60℃。下到基坑里不一会儿，身上的工装都能拧出水来，上来后全都是一层厚厚的白色汗碱。这样的露天作业，没有办法安装空调。项目领导想尽办法，硬是用一台台的电扇，将一桶桶冰块散发的冷气，通过一条条管道吹送至基坑内的每一个岗位；预制厂浇筑沉管时也是如此，工人们要在高达 13m 且又密闭的巨型模板内进行混凝土振捣作业，连续振捣 36 个小时。混凝土水化热产生近 70℃的高温，密布的钢筋笼犹如"桑拿房"，作业工人一旦中暑，很难快速撤出。项目领导优化方案，加装的空调机组犹如章鱼的无数条触须，从人孔散布到模板内的每一个角落，瞬时让"桑拿房"变成了"空调房"。作业环境改变了，隐患消除了，这就是项目部追求的本质安全，也是对每一名员工的保障和尊重。

用于连通隧道的最终接头位于 30m 的深海，对接完成后必须在 30 天内快速完成合龙焊接，它是临时止水系统能够提供的安全期限。狭小的结合腔里，200 多名工人要 24 小时不间断轮班焊接作业。项目除了配置完善的通风排烟设施和冷风机组外，还为每一名工人配置了装有 GPS 芯片的安全帽、专业的防毒面具和反光背心，隧道口的 LED 屏准确显示人员进出状况、实时工作位置；并从珠海人民医院请来专科主任驻守现场，在隧道里距最终接头 600m 处设置现场办公（医务）室，药箱、担架、氧气瓶、灭火器等应急设施全副武装，上下班的工人们看到这一切，心里有了更多踏踏实实的安全感。

一台冷风设备、一名驻岛医生、一个小小芯片……安全工作不遗余力，保障措施落到实处，不仅是对每一名工人无微不至的关爱，更是对每一条生命至高无上的尊重。工程项目总经理部坚决"不让一名员工倒下"，要求现场员工"不安全，我不干"。38次沉管安装，"外海远征"平安往返；29次台风侵袭，工程、人员、关键设备无一受损，有效保证了7年高风险建设期平平安安。

8.4　不安全我不干

1. 树立安全意识

施工任务是要靠具体的"人"实施，"人"的安全意识直接关系到安全保障措施的具体落实。"安全工作时时想，胜过领导天天讲"，多年的现场实践让工程从业者认识到，搞好安全工作的首要前提，就是管理人员和作业人员具有较高的安全防范意识。

2. 提升业务能力

作业人员充分利用项目部提供的多方位学习、实践机会，提升操作技术和业务水平。不同部门、不同职能的作业人员加强交流，参与到各项工作当中，充分发挥自身的积极性、主动性和创造性。管理人员和作业人员按照安全生产教育培训制度、施工安全技术交底制度等要求，积极参与各类安全教育培训活动，熟知项目安全生产管理要求、岗位安全知识及施工作业安全技能等。

3. 严格遵守制度

严格明确自己所属施工生产班组、岗位的安全生产职责，在签订目标责任书、接受教育培训后，明晰自身的安全生产职责，严格遵守各项规章制度和操作规程，并在日常工作中认真贯彻落实。

4. 保证自身安全

作业人员应时刻注意保证自身安全，遇到下列这些情形，你该怎么做？

①身体不适。

②工作太久很疲劳。

③家庭关系出现问题，思绪混乱，无心工作。

④换到新工区、新工种不适应环境。

⑤面临安全风险。

当作业人员发觉自己的状态不再适合坚持现场工作，且面临较大风险时，应敢于提出"不安全我不干！"应及时向班组长说明情况，申请休息、就医或换班，保证自身安全。在面临新的作业环境时，主动接受转岗、转场教育培训，快速转变工作方式方法，以提升自己的业务能力和工作技能。

第3篇 案例篇

——港珠澳大桥岛隧工程 6S 管理

　　施工现场 6S 管理是一个原理简单且成效显著的现场管理方法。在理解施工现场 6S 管理内涵的基础上，结合施工现场实际情况，从"整理、整顿、清扫、清洁、素养、安全" 6 个要素出发，根据实施流程、实施方法、实施工具等，开展创新性应用，实现工地工厂化、6S 工地化、现场标准化管理。

　　本篇是施工现场 6S 管理体系在港珠澳大桥岛隧工程的具体应用，从沉管预制厂 6S 管理试点、全面推行 6S 管理、6S 管理实施效果 3 个方面展现港珠澳大桥岛隧工程施工现场 6S 管理优秀做法，以期为我国重大工程建设施工现场管理提供借鉴和参考。

第9章 港珠澳大桥岛隧工程施工现场 6S 管理

港珠澳大桥是集岛、隧、桥为一体的超大型跨海通道，港珠澳大桥岛隧工程（以下简称"岛隧工程"）是港珠澳大桥的关键控制性工程。在中国交通建设股份有限公司联合体（以下简称"中交联合体"）港珠澳大桥岛隧工程项目总经理部的组织领导下，岛隧工程施工现场引入 6S 管理，按照"试点先行、以点带面、稳步推进"的思路，选定沉管预制厂作为 6S 管理试点区域，在实施施工现场安全管理标准化的基础上，进一步提升，形成施工现场 6S 管理方法，有效改善施工现场环境，保证现场生产安全和沉管管节预制质量。在此基础上，项目总经理部组织人工岛施工工区参观学习沉管预制厂的经验、做法并总结推广，稳步推进 6S 管理在岛隧工程各工区的全面实施，并将 6S 管理融入日常管理，强化检查考核与持续改进。通过全面实施 6S 管理，提升现场管理能力，有效保障生产安全、工程质量，铸造了高品质的世纪工程。

9.1 港珠澳大桥岛隧工程概况

9.1.1 工程概述

港珠澳大桥位于珠江口区域，东接香港特别行政区，西接广东省珠海市和澳门特别行政区，全长 55km，是集桥、岛、隧为一体具有世界级规模和技术难度的超大型基础设施工程，是我国新时代土木工程中的"世纪工程"和"超级样板工程"。

岛隧工程由东人工岛、西人工岛及海底沉管隧道构成。东人工岛轴线长度 625m，横向最宽处约 225m，岛内顶标高为 +5.0m，面积约为 10.3 万 m²；西人工岛轴线长度 625m，横向最宽处约 190m，岛内顶标高为 +5.0m，面积约为 9.8 万 m²；海底沉管隧道全长 5990m，采用两孔一管廊结构，其中东、西人工岛现浇暗埋段长均为 163m，预制沉管段长 5664m，人工岛及沉管隧道纵断面如图 9-1 所示，标准管节如图 9-2 所示。

岛隧工程采用总价固定的设计施工总承包模式，由中交联合体承建，中国交通建设股份有限公司（以下简称"中国交建"）为联合体的牵头单位。联合体中标后，迅速组建联合体项目总经理部（以下简称"项目总经理部"），负责岛隧工程的设计施工总承包管理。组织形式为"项目总经理部 + 设计分部 + 工区"，工区划分为 6 个，即第Ⅰ工区·西人工岛、第Ⅱ工区·东人工岛、第Ⅲ工区一分区和第Ⅲ工区二分区·沉管预制、第Ⅳ工区·疏浚工程、第Ⅴ工区·沉管浮运安装工程。

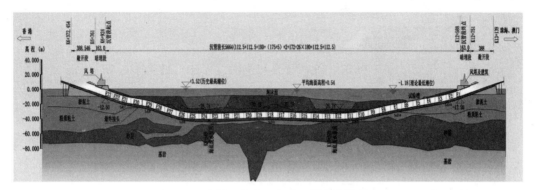

图 9-1　岛隧工程人工岛及沉管隧道纵断图

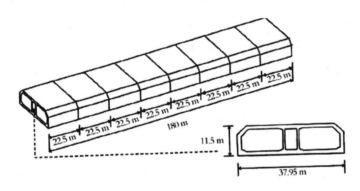

图 9-2　沉管隧道标准管节及其横断面示意图

9.1.2　施工现场管理挑战

岛隧工程作业环境复杂，技术难度高，施工风险大，工期紧张，现场管理难度前所未有。

1. 作业环境复杂

岛隧工程位于外海开敞水域环境，水文地质条件复杂，气象变化频繁，灾害性天气威胁严重，工程作业面临着自然环境的高风险性和不确定性。工程包括桥梁、隧道、房屋建筑、机电安装、水工（含人工岛、码头、疏浚）、地基处理、绿化等内容，汇集了几乎所有的土木工程专业，是一个超大型的项目集群。自然环境的恶劣，加之工程自身的复杂，现场作业环境的复杂性不言而喻。

2. 物资材料庞大

岛隧工程需要在外海建设两座规模巨大的人工岛和长达 6.7km 的沉管隧道，建设过程中需要投入大量物资和材料，且物资、材料种类多样，使用量大。沉管预制厂、东西人工岛施工作业现场为外海孤岛，场地范围狭小、施工作业空间有限。如何科学管理各种物资、原材料、周转性材料和施工余料，降低海上物资、材料运输环节对工程施工的影响，减少现场物资材料的浪费，提升物资材料的利用效率，成为施工现场管理的一大挑战。

3. 机械设备、设施众多

岛隧工程建设过程中机械设备、设施和车辆、船舶，种类多、数量众、规模大。大量机械设备、设施属于为岛隧工程专项研发和量身打造的高端定制产品，一旦管理不善，不仅影响施工安全、质量和效率，且故障维修成本高昂，对工期影响巨大。复杂的建设过程，紧张的建设工期，定制的机械设备、设施，使得岛隧工程必须开辟新的机械设备、设施管理和维护模式，保障工程建设顺利进行和施工作业安全。

4. 队伍管理困难

岛隧工程施工队伍浩大，一线员工近 4000 人且持续 7 年在外海孤岛作业。环境恶劣复杂，现场施工人员长期处于紧张、高压、高强度工作状态，承受着身体和精神上的双重压力。而且施工人员的职业素质、安全意识、技术水平、管理理念等参差不齐，队伍管理难度巨大。

5. 施工安全压力大

岛隧工程作为国内首次在外海实施的超大型海底沉管隧道工程，除超大型工程所普遍具有的规模宏大、工期紧张、施工难度大、未知因素多而复杂等显著特点外，施工场地分散，现场作业面广、外海施工、人工岛作业，恶劣的自然环境，复杂的建设过程，进一步加大了施工安全压力，现场管理面临严峻挑战。

9.2 岛隧工程沉管预制厂 6S 管理试点

在大型基础设施工程施工现场推行 6S 管理，缺少可供学习和借鉴的经验，如何破解现场管理难题，快速将 6S 管理引入施工现场，找到 6S 管理在施工现场实施的科学管理方法，项目总经理部按照"试点先行、以点带面、稳步推进"的思路，在岛隧工程 6 大工区中选定第Ⅲ工区，即位于桂山牛头岛沉管预制厂作为试点工区和样板工区，探索 6S 管理在施工现场实施的方法。

9.2.1 沉管预制厂推行 6S 管理的背景

作为世纪工程的港珠澳大桥，高起点、高标准是其追求的目标。在岛隧工程施工现场推行 6S 管理，提升施工现场管理水平、强化施工过程本质安全、保障工程品质，不仅是建设大国工程的需求，也是确保沉管隧道安全、建筑业转型升级的需要。

1. 建设"大国工程"需要

岛隧工程是超级工程港珠澳大桥的控制性工程，技术难度和复杂性无须赘述。"建设世界级的跨海通道、为区域发展提供优质工程、成为地标性建筑"三大建设目标和120 年使用寿命，对于工程品质有着极高要求。此外，工程的特定区位、战略定位、管理模式等均使得工程在国际范围内拥有极高的社会关注度。建设过程中不仅要克服一系列工程技术难题，更需要精细化的现场管理，保障施工过程的安全，确保工程质量，彰显大国品质。从管理角度考虑，必须优化现场生产管理，强化过程安全管控，提高施工过程质量控制。

2. 确保沉管隧道安全需要

岛隧工程海底沉管隧道是我国首条在外海开敞水域环境下建设的沉管隧道，由 33 节巨型沉管和最终接头对接而成。巨型沉管须先期预制生产再浮运到现场安装；单个长 180m、重约 8 万 t 的标准沉管管节，预制生产要确保几百道工序、252 个节段、6 年的重复工作不出差错，做到工程质量上精益求精、安全上滴水不漏，面对全世界节段式沉管漏水率平均达 10% 的现实，除了要在施工工艺技术上实现突破，对于高效的现场管理方法也有着迫切需求。只有在现场管理上实现突破，才能确保预制沉管的卓越品质，保障沉管隧道上百年使用安全。巨无霸的预制沉管如图 9-3 所示。

图 9-3　巨无霸的预制沉管

3. 建筑行业发展需要

随着改革开放的不断深入，我国建筑业取得了突出成就，同时也暴露出了现场管理不足等问题。施工生产方式粗放、设备设施及物资材料管理混乱、以进城务工人员为主体的作业人员安全意识淡薄、质量管理不到位等现场管理问题亟须改善。建筑业资源消耗巨大，对环境影响深远，我国生态环境现状已无法支撑粗放式发展，建筑业必须走资源集约型和环境友好型的发展道路。改善现场管理,不仅是提升工程建设效率的需要,更是建筑行业发展,实现我国从建筑大国向建筑强国跨越的需要,因此必须探索有效的施工现场管理方法,提高施工现场管理水平。

9.2.2 沉管预制厂 6S 管理的实施

1.沉管预制厂 6S 管理的实施过程

沉管预制厂 6S 管理的实施经历了准备、实施、保持三个阶段。

(1)准备阶段。

为推行现场 6S 管理,沉管预制厂进行了精心筹划和准备,成立了 6S 管理领导小组,确定了"以安全为核心,全面推行、持续实施"的实施方针和"将沉管预制厂建设成为国内最好工程预制工厂"的实施目标,制定了沉管预制厂 6S 工作计划及实施方案。在开展广泛的宣传和培训,使广大现场作业人员初步掌握 6S 管理技能的同时,通过对厂区施工生产硬件设施、辅助性生产设备和标准化识别系统进行规范化改造,为 6S 管理实施做好充足准备。

(2)实施阶段。

实施阶段,沉管预制厂将施工现场划分为三大作业区(即钢筋加工和绑扎区、混凝土生产运输区、混凝土浇筑顶推区),各作业区配备责任领导及五大管理专员(安全、质量、设备、6S 管理、效率),以保障安全为核心、以整理活动为起点,将 6S 管理要求融入日常作业过程,围绕施工现场人员、材料、机械、环境四大要素,开展整理、整顿、清扫、清洁,素养和安全活动。

①整理。

整理是现场 6S 管理的起点,沉管预制厂在厂区整体场地规划基础上进一步划分现场区域,对整个厂区进行周密布置和规划,按照功能划分区域,做好材料堆存区、设备布置区、安全通道、消防设施、公共卫生设施、标识标牌、宣传栏等布置,明确各区域责任主体,在此基础上围绕现场整理对象严格区分去留,作业现场仅留下必需品。

②整顿。

在整理的基础上,沉管预制厂对经整理留下的必需品进一步开展整顿工作,遵照整顿的"三定"原则,将各类材料、机械设备等按规定位置摆放整齐,并加以标识。在整顿活动开展过程中,针对现场混凝土运输车、装载机、汽车式起重机等大型可移动设备创新性地采取流动化管理和五金材料超市化管理,整齐、规范、有序的沉管预制厂初步呈现。

③清扫。

沉管预制厂将清扫活动与日常作业相结合,各班组在作业过程中认真落实清扫活动要求，积极避免产生不必要的脏污。当日作业任务完成时，及时开展"每日 10 分钟活动"，对作业场地、材料、机械设备和施工成品做好清扫，做到工完场清、工完料清，及时保养设备、工器具和施工成品，消除污染源，保持施工作业现场干净整洁，消除安全隐患。

④ 清洁。

清洁在 6S 管理中起着承上启下的重要作用，沉管预制厂充分认识到清洁活动的重要性，在清洁环节将整理、整顿、清扫活动贯彻到底，进一步发现现场整理、整顿和清扫活动不到位之处，限时整改完善。将上述各环节的科学有效方法和经验形成标准化文件，进一步指导和规范前 3S 的实施。通过清洁活动的开展不仅进一步巩固了前 3S 的实施成果，整齐洁净的现场环境也为沉管预制厂培养高素质、现代化产业工人奠定了环境基础。

⑤ 素养。

沉管预制厂在为作业人员素养提升创造良好现场环境的同时，积极营造素养培育的文化环境，开展广泛的作业技能培训和施工安全文明教育，采用标杆管理，鼓励学习先进，促进相互交流。在沉管预制厂，广大作业人员得到了充分尊重和关怀，仅以沉管预制过程的混凝土振捣作业为例，工区项目部为沉管装上了空调、为作业人员送去了凉风，作业人员的健康和安全时刻被关注着，也让他们体会到自己的认真付出得到了及时的肯定和鼓励，切身感受到了作为一名建设者的自豪和荣誉，激发了广大作业人员的主人翁精神，营造了良好的素养氛围。

⑥ 安全。

通过前 5S 的开展，沉管预制厂各种安全隐患全面消除，但保障安全的脚步并未停止。工区项目部持续、积极开展全员安全教育培训，为作业人员创造安全的作业环境、提供规范的劳动保护，严格执行安全生产要求。

班组作业前召开班前会，强调当日安全生产要求；班组长带队做班前操，检查劳动防护用品穿戴和人员状态；作业过程中严格检查安全作业状况，及时纠正违章行为。"不安全，我不干！"是项目总经理部和工区项目部向广大作业人员灌输的安全理念，这既是要求作业人员保持高度的安全意识，也是倒逼工区项目部必须为作业人员提供良好的安全生产作业条件。同时，工区项目部积极为广大作业人员提供良好的生活条件，使广大作业人员在忙碌的作业之余，能得到充分的休息，保持良好的精神状态。

（3）保持阶段。

通过实施 6S 活动，开展 6S 管理，厂区形象有了极大改观，得到了项目总经理部及外界的一致好评。为了保持 6S 管理实施成果，沉管预制厂积极探索，将 6S 管理与日常管理相结合，6S 管理要求融入班组日常作业过程，使得 6S 管理成为作业人员分内之事，实现作业人员素养持续提升。同时，强化 6S 活动的过程管理，建立以项目部管理人员为班组长的班组建设制度，各班组设立 6S 管理专员，以班组为单位落实 6S 管理活动。通过策划、实施、检查、改进，不断发现 6S 管理实施过程中存在的不足，针对性地制定改进措施，持续优化管理；定期召开 6S 管理会议，总结、探讨 6S 管理经验和新方法，及时对班组执行情况进行考核，强化现场执行力，保持现场 6S 管理实施效果。

2. 沉管预制厂 6S 管理的主要措施

（1）组织观摩学习，成立管理机构。

6S 管理推行前期，项目总经理部组织工区负责人、现场管理人员及劳务协作队伍负责人等深入相关企业开展 6S 管理观摩学习，同时邀请专业培训机构赴沉管预制厂进行 6S 管理专项培训，通过参观学习和专业培训夯实现场 6S 管理理念和实施技能。6S 管理是一项长期工作，对现场管理的巨大作用需要长期不懈地真抓实干、深抓细干，为此沉管预制厂成立了 6S 管理领导小组，明确 6S 管理职责分工，统一部署现场 6S 管理实施和相应的检查、考核等管理工作。

（2）开展宣传培训，掌握基本技能。

在沉管预制场 6S 管理推行过程中，为了使现场作业人员充分理解 6S 管理理论和实施方法，消除推行阻力，同时为员工素养养成奠定基础，积极开展了多途径、多形式的现场 6S 管理宣传和培训。通过对现场 6S 管理概念、实施方法等进行全面的宣贯和培训，促使管理人员和广大作业人员形成统一认识，使现场的建设者们均能掌握 6S 管理基本技能。全面广泛的现场 6S 管理培训不仅使广大作业人员掌握了 6S 管理的基本技能，同时还在厂区内营造了 6S 管理文化氛围。图 9-4 和图 9-5 为现场 6S 管理知识宣贯和培训。

图 9-4　现场 6S 管理知识宣贯

图 9-5　现场 6S 管理培训

（3）围绕现场要素，明确管理对象。

沉管预制工序复杂，需要投入大量的人力、材料、机械设备，为更好地推动在不同施工环节、作业场景下都能有效地开展 6S 管理，沉管预制厂紧紧围绕施工现场人员、材料、机械设备和环境四大要素开展 6S 管理。建立管理对象细分表单，明确管理对象，持续开展整理、整顿、清扫、清洁等活动。同时，工程施工是一个持续变化的动态过程，针对施工进度的变化，及时调整整理、整顿、清扫、清洁的具体对象、方法和流程，使 6S 管理紧跟现场施工进展需要。

（4）融入日常管理，敦促素养养成。

6S 管理不是额外工作，沉管预制厂将 6S 管理与现场日常管理相结合，6S 管理各项要求被纳入施工现场日常作业的过程管理中。现场管理人员根据原工作分工，承担相应的 6S 管理职责、履行 6S 管理职能；班组和作业人员按照 6S 管理要求作业，执行 6S 管理标准。通过将 6S 管理融入日常管理，实现了 6S 管理的长期化和日常化；6S 管理得以持续深入的落实，现场环境持续改善，创造了整洁、有序、文明的施工作业环境。在安全整洁的环境下作业，对现场作业人员形成了潜移默化的影响，6S 管理的内在要求逐渐成为员工作业时的自主习惯，实现了素养的养成。如图 9-6 所示，互相协助调整安全防护用品穿戴，工作间歇保养车辆等成为现场作业人员的自觉行为。

（5）强化检查考核，持续改进优化。

为保证 6S 管理能够有效推进和持续推行，沉管预制厂制定了《综合考评管理办法》《现场 6S 管理检查考核评比办法》等一系列专项考核办法，将 6S 管理检查与日常监督巡查、周检、月检及专项检查等相结合，做到检查常态化，以检查促落实，以评比促改进。通过强有力的现场检查及时发现问题、解决问题，持续对现场 6S 管理的实施方案、实施方法进行不断地调整和改进，寻找施工现场 6S 管理的最佳模式。图 9-7 为现场 6S 管理检查与考核。

（a）

（b）

图 9-6　自觉执行 6S 管理要求

（a）互相协助调整安全防护用品穿戴；（b）工作间歇保养车辆

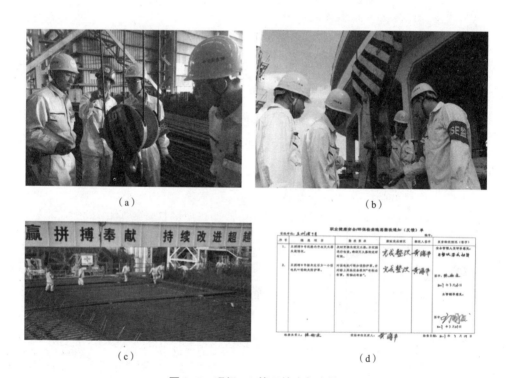

（a）

（b）

（c）

（d）

图 9-7　现场 6S 管理检查与考核

（a）机器保养维护巡查；（b）设备安全定期检查；（c）持续改进 不断超越；（d）落实整改 逐步提升

9.2.3　沉管预制厂 6S 管理初见成效

通过 6S 管理的试点和有效实施，沉管预制厂现场作业区域划分清晰、材料堆放整齐，机械设备、机具各归其位；各类操作规程、质量要求、安全设施及警示标识齐备，创造了整洁有序的施工现场。与此同时，现场作业人员劳保用品穿戴规范，精神面貌焕然一新，爱护环境、按章作业、安全生产成为广大作业人员的自觉行为，现场作业人员素养得到全面提升。通过打造标准化的建设工程预制工厂，生产效率大幅提高，工程成本可控，现场安全生产和预制产品质量得到全面保证，图 9-8 为 6S 管理下标准化的沉管预制厂。

图 9-8　6S 管理下标准化的沉管预制厂

　　沉管预制厂自 2012 年 5 月开始实施 6S 管理，经过不懈的努力和坚持，取得了显著成效，至 2016 年 12 月，33 节沉管全部预制完成，创造了预制沉管无一裂缝、设备系统无一故障、安全生产无一事故的工程奇迹。

9.3　岛隧工程全面推行 6S 管理

　　沉管预制厂 6S 管理的成功实施，充分证明了 6S 管理在施工现场的可行性和保障安全、提质增效的巨大作用，最大程度消除了管理人员和广大作业人员的顾虑，为工程施工现场推行 6S 管理积累了宝贵经验，为岛隧工程的全面推行 6S 管理树立了样板和典范。

　　在沉管预制厂 6S 管理取得显著成效的基础上，自 2013 年 6 月，岛隧工程开启了施工现场全面推行 6S 管理的行动，项目总经理部组织各工区管理人员赴沉管预制厂参观交流，开展广泛的宣传培训，总结和推广沉管预制厂实施现场 6S 管理的方法和经验。在全面推行现场 6S 管理过程中，围绕现场"人员、材料、机械设备、环境"四大要素，坚持"6S 管理不是额外工作"的理念，通过持续的实施和不断的改进优化，6S 管理在岛隧工程各工区得到全面有效的推广，取得了改善环境、提升效率、保证品质和保障安全的巨大成效，也形成了一整套颇具特色的现场 6S 管理实施方法。下面结合典型案例，阐述现场 6S 管理的具体实施方法。

9.3.1 整理：西人工岛现场整理

作为桥梁和沉管隧道的过渡结构，岛隧工程人工岛建设质量要求高，工艺新，结构设计复杂，现场施工条件困难。西人工岛面积 9.8 万 m^2，建设期需要生产约 42 万 m^3 混凝土，岛上的建筑材料均需从码头倒运；多家施工单位同时在岛上作业、生活，高峰期作业人员近 2000 人。面对如此空间受限、工序高度交叉、场内转运频繁、工艺复杂的工程现场，Ⅰ工区项目部通过推行现场 6S 管理中的"整理"，将工程现场所有物资材料、机械设备及工器具等按照必需品和非必需品进行分类，将非必需品从施工现场清除，只留下能够保证施工顺利进行的必需品，使得现场材料、设备、物品堆放有序，提高了场地空间利用率。

1. 做好规划、划分责任区

整理前统筹兼顾做好场地规划，充分考虑施工场地布置的合理性，结合工程实施的各个阶段进行动态调整，场地的使用绝不允许成为工程实施的障碍。西人工岛岛上建筑和岛面工程全面铺开阶段，在对岛上的便道便桥、供水供电、各类管线等布置进行全面深入研究、详细调整规划后，将西人工岛划分 12 个区域，并分区域落实责任人，西人工岛阶段场地划分区域如图 9-9 所示。

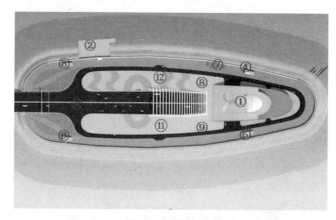

图 9-9　西人工岛阶段性区域划分示意图

①—主体建筑；②—救援码头（唯一出运通道）；③—1 号越浪泵房；④—2 号越浪泵房；⑤—3 号越浪泵房；
⑥—4 号越浪泵房；⑦—消防泵房及水池；⑧—污水处理回用站（埋地）；⑨—消防废水池（埋地）；
⑩—岛上段隧道及岛上道路；⑪—南广场；⑫—北广场

2. 落实责任人

工区项目部确定各施工区域6S管理责任人，落实到现场一线班组，确保责任到岗，各司其职。2017年西人工岛施工区域划分及人员需求计划见表9-1。

西人工岛施工区域划分及人员需求计划　　　　　　　表9-1

项目		班组长	联系方式	班组名称	施工内容	人数
房建工程	主体建筑钢筋	陈××		钢筋安装班	柱、梁、板、斜屋面梁钢筋安装	30
		朱××		钢筋绑扎1班	后台预制	40
		黄××		钢筋绑扎2班	柱、梁、板、斜屋面梁钢筋绑扎及连接	30
		俞××		钢筋绑扎3班	中央风孔	30
		王××		钢筋绑扎4班	悬挑板钢筋绑扎	20
		朱××		钢筋绑扎5班	越浪泵房钢筋绑扎	15
				小计		165
	主体建筑模板	李××		模板1班	柱	20
		耿××		模板2班	室内梁	30
		魏××		模板3班	楼板	20
		马××		模板4班	圈梁	20
		王××		模板5班	悬挑板	20
		王××		模板6班	中央风孔	40
		曹××		模板7班	斜屋面	20
		张××		模板8班	越浪泵房	15
		董××		模板9班	斜屋面栏板	20
		于××		模板拼改班	附属建筑、栏板模板、异形梁板模板拼装及改造	15
				小计		220
	主体建筑配合班	王××		瓦工班	混凝土交工面施工	10
		李××		灌浆班（包含预埋件）	套筒灌浆、预埋件安装	15
		金××		混凝土1班组（包含配合）	混凝土浇筑	25
		凡××		混凝土2班组（包含配合）	混凝土浇筑	
		斌××		清洁清扫1班	房屋区域日常清扫、清洁	8
		吕××		清洁清扫2班	房屋区域日常清扫、清洁	
		董××		整理整顿班	模板后台整理、清理、归类堆存	20
				小计		78
				合计		463

3. 区分要与不要

按照西人工岛施工作业计划，根据物品的使用频率，将现场周转材料、机械设备、工器具等定期进行区分,将非必需品分为两类:一是使用周期较长但使用不频繁的物品,如近期没有使用计划的机械设备;二是施工后的余料、废料,包括施工现场钢筋、模板、砂石骨料等不可循环使用的材料,废弃的边角料、余料,无法使用的预制件、构配件和机械设备,生活区、办公区等临时设施场所产生的垃圾等非必需品。将这些非必需品清理出现场,以腾出更多的施工现场空间,塑造清爽的施工环境。

4.监督核实

加强日常监督及检查,将发现的问题或违反管理标准的现象现场拍照,做好相应记录,告知负责该区域的责任人,督促其将发现的问题在限定期限内整改。如核实管理人员办公室和员工宿舍的整理情况,检查办公室和宿舍内有无不必要的物品,如果还有非必需品,责令相关责任人必须将其清理。监督核实施工现场的材料、工器具和机械设备等,记录好整理现状,对于依然存在、屡教不改的问题,责令整理好并处罚相关责任人,同时,奖励整理较好的人员或班组。管理人员办公室和员工宿舍整理情况如图 9-10 和图 9-11 所示。

图 9-10　管理人员办公室　　　　　　　图 9-11　员工宿舍

通过整理,清除现场"不要的"东西,整理好"要的"东西。西人工岛得以腾出大量空间,避免了人员、材料、设备过多的闲置问题,塑造了环境清爽、道路通畅、美观整洁、安全卫生的施工现场。

9.3.2　整顿:西人工岛模板整顿

西人工岛在整理之后,留下的必需品数量仍然庞大,对这些必需品需要进行整顿,使得现场材料、机械设备、工器具、物品堆放有序,标识清楚,减少寻找物品的时间。

模板耗材问题是施工现场的难题,模板品种规格多、周转频繁、管理难度较大,缺少整理整顿的脏、乱、差已成为模板耗材管理的标签。西人工岛开工之初就进行了统一部署,采用整顿方式管理模板耗材。项目部组织人员对施工现场进行全面彻底的整顿，对管理骨干及协作队伍管理骨干进行 6S 管理培训、教育并签订责任状，要求从小事做起，小到着装及安全帽穿戴，不放过任何一个细节、不遗漏任何一个环节，保证模板施工时的安全。

1. 分区分类

项目部对模板加工区域进行规范布置，清晰划分区域，明确标识区域名称和责任人，如图 9-12 所示。根据物品的功能和需求，对不同种类物品的特性、类别逐一归类盘点。

图 9-12　模板加工区

2. 定位摆放

将必需品放置在指定位置，使得模板等材料摆放整齐、周围用栏杆围挡，定位好模板、材料，使得模板、材料一目了然，使用人员能快捷地找到所需物品。模板和清水混凝土模板成品定位存放如图 9-13、图 9-14 所示。

图 9-13　模板、材料定位

图 9-14　清水混凝土模板成品定位

3.定量

模板、材料是根据采购计划，确定放入施工区域的耗材使用量，防止放置过多影响现场环境，也为了避免量少影响施工进度。在使用过程中，存放数量根据具体施工情况而定。模板、材料布置如图9-15所示。

图 9-15　模板、材料布置

4.定标识

对各种模板、材料做好标识，清晰显示出模板、材料的存放情况；对各种辅件等零星材料也要做好标识，防止放置混乱。材料标识如图9-16所示。

图 9-16　材料标识

通过整顿，施工现场一目了然，模板、材料等物品摆放有序，位置和数量明确，标识醒目，施工人员能够方便快捷地拿取模板、材料。

9.3.3　清扫：助力高品质清水混凝土

岛隧工程东、西人工岛是大桥沉管隧道与主体桥梁的连接口，岛上主体建筑所采用的清水混凝土施工工艺，是在国内缺乏前期经验的情况下所建成的设计使用寿命120 年的国内最大规模清水混凝土建筑群，是岛隧工程建设中一项值得称道的创新。

作为混凝土中拥有最高品质的清水混凝土，相比传统混凝土，施工工艺更加精细，施工及养护过程更为严谨，所呈现的外在观感更显自然朴素、沉稳大方。因此，清水混凝土成品保护成为东、西人工岛所在的Ⅰ工区和Ⅱ工区清扫工作中的重中之重。

1. 模板保护

在东、西人工岛的施工现场，所有混凝土模板构件均采用模块化安装，即模板在分块拼装后，统一运送到施工场地进行整体拼装。在拼装过程中，所有作业人员按规定穿戴保护鞋套，防止鞋底可能携带的脏污沾染到模板导致二次污染，同时减少作业过程中对混凝土的破坏，从而保证了混凝土表面平整。

拼装完成后，在混凝土模板面、外露钢筋部分以及其他可能会对模板造成二次污染的部位同样采用了专用苫布进行覆盖，防止损坏构件表面，并保持模板表面的整体清洁且不受伤害。对于存料区半成品和成品，及时苫盖保护、防止暴晒及雨淋对半成品、成品的品质造成损坏。所有模板在切缝时采用防水漆进行封边保护，模板及台车配件吊装过程中采用吊带等措施，避免了因模板损坏而影响混凝土浇筑后的观感。

2. 成品保护

在主体建筑清水混凝土浇筑完成后，工区及时对清水混凝土成品进行保护。不同于一般混凝土成品的水湿养护，清水混凝土浇筑完成后，为防止养护水污染，采用双层土工布对成品进行密封覆盖，达到保温保湿的效果，以免成品产生明显色差。此外，对柱顶预留的外伸接驳处钢筋，工区通过覆盖防雨布苫盖、刷涂水泥浆防锈，并采用柱顶专用密封保护帽，做到清水混凝土立柱外包密封无死角保护（图 9-17）。房建施工区域狭小，各工序交叉作业频繁，工区通过在混凝土柱下部的四个柱角安装防撞条进行保护，避免作业过程中磕碰对混凝土的伤害，对混凝土保护起到了良好的作用（图 9-18）。通过清水混凝土保护措施的全面实施，东、西人工岛所呈现的集群清水混凝土建筑如同玉砌之作，细细观察，接口处严丝合缝，建筑表面更是光洁如脂。

3. 日常清扫

Ⅰ工区和Ⅱ工区通过认真学习沉管预制厂的 6S 管理试点经验，在本工区的清扫工作中全面推行，并认真落实清扫基础工作。

每天下班后，工区作业人员及时清扫施工现场，保持地面洁净，洒水、喷淋有效控制扬尘，清理施工废料，杜绝余料、施工废料与垃圾的随意堆砌。图 9-19、图 9-20

为工区作业人员对现场地面进行清扫。

设备操作人员按照设备操作规程与清扫要求，定期对电气设备进行清扫与检修，作业人员对模板进行维护清洗，对机械设备进行定期检查，保持现场设备、机具与模板的正常运作与周转，如图 9-21、图 9-22 所示。

在清扫过程中注重全员参与，工区作业人员在班组长的带领下，自觉参与班前班后的清扫工作，形成清扫习惯，做到清扫日常化与常态化，如图 9-23 所示。

图 9-17　西人工岛作业面顶部进行防雨布苫盖

图 9-18　清水混凝土柱防撞保护

图 9-19　清扫施工地面

图 9-20　清理现场废旧工料

图 9-21　模板的清扫养护

图 9-22　机械设备的定期检查

图 9-23　齐动手——班前班后齐动手，清扫很轻松

通过在工区现场稳步推进一系列清扫工作，既美化了施工现场环境，也减少了外海施工对外部环境的污染。图 9-24、图 9-25 是清扫后洁净的工区现场。图 9-26、图 9-27 是在 I 工区和 II 工区全体管理人员与作业人员的共同努力下，人工岛在施工过程中始终保持着清爽、干净的状态，素面朝天的清水混凝土墙体也呈现出质朴纯粹的姿态。

图 9-24　隧道内整洁明亮无灰尘　　　　　图 9-25　一尘不染的人工岛路面

图 9-26　素雅的敞开段清水混凝土墙身　　　图 9-27　清洁的人工岛

9.3.4　清洁：清洁的西人工岛

　　岛隧工程西人工岛区域化管理的现场井然有序，材料堆放区、模板耗材存放区、木工加工区、钢筋制作加工区、半成品摆放区、清水模板成品摆放区、休息区等整齐排开；岛上色彩丰富，蓝的是钢筋加工设备，红的是绑扎设备，黄的是吊机等特种设备，现场机械设备层次分明，处处彰显着 6S 管理之美。清洁是对整理、整顿、清扫的坚持与深入，将整理、整顿、清扫中好的方法和措施等制度化、标准化并贯彻执行，时刻保持施工现场环境干净整洁的状态。不仅为多工序、多界面施工、频繁交叉作业的西人工岛创造良好的作业环境，保持员工队伍充沛活力，也有助于提升管理人员和作业人员的素养，消除安全隐患。在清洁过程中，通过形成标准化文件、维持前 3S 成效并改进优化、实行检查考评等，形成区域合理划分、物资材料堆放整齐、机械设备优良运转、道路通畅洁净的西人工岛，为打造世界规模最大的清水混凝土建筑群奠定坚实基础。

　　1. 形成标准化文件

　　清洁中，将"整理、整顿、清扫"的实施步骤、要领、方法等制度化、标准化，形成"人造环境"基本制度，并通过宣传栏、管理手册等形式帮助作业人员理解，落实责任，如图 9-28 所示。有效提升"整理、整顿、清扫"工作质量，并为其他施工现场开展 6S 活动提供宝贵经验。

　　2. 反复执行"整理、整顿、清扫"

　　以"每一次都是第一次"为中心，每一次也是对整理、整顿、清扫的固化和深入。在清洁中持续改进优化，使作业人员养成优良习惯，反复循环，持续提升现场作业环境，稳定西人工岛工程品质，消除现场安全隐患。

　　随着西人工岛现场作业内容发生变化，必需品也随之改变，反复"整理"，才能为后续"整顿、清扫"工作提供保障。根据作业需求对现场区域重新进行规划，使区域划分科学，各材料、机械设备、机具定点存放使用。西人工岛钢筋预制区、模板耗材区域科学合理划分，如图 9-29 所示。

　　为提升西人工岛现场作业效率，根据作业内容反复进行"整顿"，使现场必需品存取方便，提升空间利用效率，保证每一环节的顺利实施，消除由于非必需品存在而引起的安全隐患。对西人工岛各区域进行反复"整顿"，西人工岛仓库内每样物品都有固定位置和详细的标示，钢筋加工区材料固定存取点，各类设备设置专门停放区域，按照固定位置规则停放，整齐有序，如图 9-30 所示。

2017 年西人工岛施工区域责任划分及人员需求计划					
项目	班组长	联系方式	班组名称	施工内容	人数
房建工程	陈建		钢筋安装班	柱、梁、板、斜屋面梁钢筋安装	30
	朱林晓		钢筋绑扎 1 班	后台预制	40
	黄刚勇		钢筋绑扎 2 班	柱、梁、板、斜屋面钢筋绑扎及连接	30
	俞其凡		钢筋绑扎 3 班	中央风孔	30
	王凤楼		钢筋绑扎 4 班	悬挑板钢筋绑扎	20
	朱熙林		钢筋绑扎 5 班	越浪泵房钢筋绑扎	15
	小计				165
	李永红		模板 1 班	柱	20
	耿孝才		模板 2 班	室内梁	30
	魏景利		模板 3 班	楼板	20
	马飞		模板 4 班	圈梁	20
	王飞		模板 5 班	悬挑板	20
	王爱军		模板 6 班	中央风孔	40
	曹小虎		模板 7 班	斜屋面	20
	张荣亮		模板 8 班	越浪泵房	15
	董纯合		模板 9 班	斜屋面栏板	20
	于世彪		模板拼改班	附属建筑、栏板模板、异形梁板模板拼接及改造	15
	小计				220

注：项目栏中"主体建筑钢筋"对应钢筋各班组；"主体建筑模板"对应模板各班组。

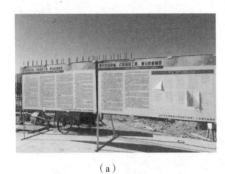

（a）

（c）

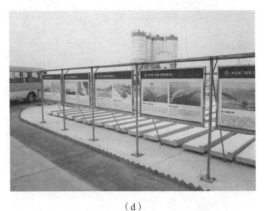

（d）

图 9-28　清洁——形成"人造环境"基本制度

（a）深化前 3S——形成各项制度；（b）落实责任——6S 管理各司其职；（c）学习管理手册；（d）标准化展示牌

（a）

（b）

图 9-29　西人工岛进行反复"整理"

（a）钢筋预制区合理规划；（b）模板耗材区域划分科学

（a）　　　　　　　　　　　　　　　（b）

（c）

图 9-30　西人工岛进行反复"整顿"

（a）仓库物品标示清晰；（b）钢筋加工区材料存放整齐；（c）各类设备整齐有序

　　西人工岛在清洁中"反复"清扫，及时清除主体建筑周边及内侧临时通道上的脏污和障碍，保持道路通畅整洁；楼板清水土模板、钢筋绑扎施工过程中采用土工布防止污染，保持整洁；对汽车吊臂定期进行维护保养，及时清理油污，涂刷油漆，保持良好状态；沉管隧道内道路每天专人清扫，保持整洁状态；清水混凝土建筑及周边区域每天专人打扫，保持干净；整个西人工岛各区域保持干净整洁，确保物资材料、机械设备处于优良状态，保证人工岛建设过程高效，创造舒适安全的作业环境，如图 9-31所示。

图 9-31　西人工岛进行反复"清扫"

（a）主体建筑周边临时道路保持通畅整洁；（b）主体建筑内临时通道保持通畅整洁；（c）楼板清水混凝土模板保持整洁；（d）汽车吊塔臂定期保养；（e）沉管隧道内道路保持整洁；（f）清水混凝土建筑保持干净整洁

3. 检查前 3S 成效并整改

在每天对整理、整顿、清扫维持效果监督检查过程中，管理人员随身携带相机，及时拍摄记录不足之处和现场违规行为，对存在的问题立即分析，设置标识并查明原因，督促改正，如图 9-32 所示。按照"发现问题、解决问题"的原则，形成良性循环，不断优化整理、整顿、清扫实施效果，完善推进标准。

图 9-32　对西人工岛前 3S 维持效果进行检查

　　除了每日监督巡查外，6S 管理人员每周开展全面检查，并召开巡查评比大会，将检查结果通知相应区域、施工点负责人，责令其限期整改并回复整改情况，如图 9-33 所示。并针对各区域、各施工点整理、整顿、清扫的先进与不足之处进行总结，完善现有制度、标准，讨论如何在今后工作中维持和改善前 3S 成效。此外，根据各班组整理、整顿、清扫维持情况评比结果，对于标准作业、前 3S 维持成效良好的作业班组给予奖励，如图 9-34 所示。

图 9-33　召开前 3S 维持情况巡查评比大会　　　图 9-34　先进班组、优秀班组评选

4. 带动全员参与 6S

　　西人工岛积极开展宣传培训工作，组织现场整理、整顿、清扫、清洁集中培训，参观学习沉管预制厂。以建设学习型队伍为契机，对广大进城务工人员开展整理、整顿、清扫、清洁作业要求和技能专项培训，通过早班会、漫画、海报、内部报刊、宣传栏、标语、清洁活动周等方法对清洁工作进行宣传教育，与东人工岛交互对标学习，领导以身作则开展消灭烟头活动，带队进行参观学习，提升意识，如图 9-35 所示。将整理、整顿、清扫、清洁推进标准渗透到每个人内心，使管理人员和作业人员主动自觉按照标准严格执行每一步工作，使"每天进步一点点"深入人心，提升作业人员整理、整顿、清扫、清洁意识和规范性，为作业人员素养的提升打下坚实基础。

图 9-35　西人工岛全员参与 6S 工作

（a）班组教育培训；（b）东西岛交互对标学习 6S 管理；（c）领导以身作则开展消灭烟头活动；（d）领导带队参观学习

9.3.5　素养：岛隧工程团队建设

素养是现场 6S 管理实施过程中包括管理人员和作业人员在内的所有参与者应形成的素质和修养，这种素质和修养形成基于"环境育人"，通过整理、整顿和清扫活动形成整齐良好的作业环境并产生潜移默化的影响，通过清洁活动养成习惯，培育现场人员的职业素养和自律精神。

岛隧工程以创造良好环境为目标，促使现场人员素养提升，通过环境潜移默化的影响，提升现场每一位参与者的综合素养，引导现场人员形成良好的工作习惯、良好的职业素养和积极向上团队精神，现场管理及作业人员自觉遵守规章制度。参与者素质和修养每提高一点，施工现场的安全和工程产品的质量就多一份保障，最终能够实现个人素养提升，班组凝聚力增强，团队合作深化。

1. 个人素养提升

（1）自律——植根于心的责任意识。

自律就是遵循法度、自我约束。自律与他律如同道德与法律的关系，而自律更加强调的是强制性之外的道德自觉。组织内任何一项值得追求的目标都需要统一的标准规矩来约束，都需要群体的自律来实现。而作为决策者的高管层，能否真正从内心深处敬畏遵守规范制度，能否将责任作为一种自律的心态，尤其是在困境和危急时刻，能够顽强坚持，不轻言放弃，至关重要。如果决策者不带头自律，必然会产生"多米诺骨牌效应"，漫延导致整个团队的松散、随意。对于数千人"共走钢丝"的工程来说，任何一项决策得不到全面贯彻，任何一个标准得不到有效落实，都会带来风险。

岛隧工程项目总经理是团队的带头人，以认真、自律出名。在执行标准方面，他的"合格"永远比最严格的标准还要严苛一分；在困难危急时刻，"与大家在一起"永远是他的第一也是唯一选择。开工至工程竣工的两千多个日日夜夜，他始终靠前指挥，带领团队持续奋战，共同经受住了一次次人的意志力的极限考验，共同应对了一场场来自大自然的挑战，强烈的历史责任感转化成榜样引领和力量融合，极大增强了建设团队的战斗力和执行力。

从领导班子到管理人员，从船员机工、水手到轮机长、船长，从现场作业工人到班组长、协作队伍负责人，都将自律的种子埋在了心里。全体作业人员养成了工完料清的好习惯，看着现场整整齐齐、干干净净的环境，大家不仅干活儿的心情好了，而且工作效率和工作质量也逐渐提高，心里也更踏实。

在梁底模板制作时，作业人员经历了一个逐渐变得自律的过程。在 1 区梁施工的现场，梁底模板验收完成后，没有用油布苫盖就开始了钢筋笼的安装，突如其来的一场大雨让作业人员吃尽了苦头，为了清理模板，他们安排一个班组清理了一天一夜。到了 2 区梁施工的时候，大家有意识地进行苫盖，但也没有十分规范，苫盖的油布经常被风掀起，铺得也是缺一块漏一角。到后来的 5 区梁施工时，管理人员在检查时围着 5 区梁底支架下方走了一圈，被眼前的景象震惊了（图 9-36）。管理人员在东侧看到了施工通道，通道与整体支架分离，单独固定在地面上，四周挂立着绿色的安全网，走上去给人很踏实的感觉。当视线刚与梁底模板平行，横纵交叉成井字的绿色油布就映入了眼帘。环顾四周，能够看到作业人员在有条不紊地干活，整个梁的作业平台井然有序，已经验收完成的模板全部苫盖上了绿色的油布，盖得严严实实，工具全部被码放在一个木箱子里，木把手树立得齐齐整整，之前最难摆放和保护的倒角条放在了一个长条盒子中，走道板上两个水桶并排放在了走道的最边上，一位作业人员正在清洗模板，梁跨中的走道板上放了一个木质垃圾盒，废弃的止浆条、裁剪的木线和倒角条都被扔到垃圾盒中，一些特殊效果木线、衬板和面板连接用的大头钉子，全部被归类。

这种场景让人心情豁然开朗，有一种清爽、愉悦的感觉。看着这幅场景，管理人员和作业人员终于理解了，为什么一个好的环境能让人感到心情舒畅。作业人员有条不紊地作业，这就是一种艺术，经过整改、整改、再整改，教育、教育、再教育，终于看到了成效。作业人员训练出这种分类码放、整齐划一的节奏，最终收获的不仅仅

图 9-36　梁底模板制作现场整洁

是一个壮观靓丽的清水混凝土艺术品，更是一个高素养的团队。

（2）严格——工匠精神的时代内涵。

标准化的生命力在于严格执行。认真把每一件事情都落到实处，每一个产品做到高品质，每项工作都追求完美和极致，是赋予新时代工匠精神的内涵。港珠澳大桥岛隧工程是一项被建设者称为数千人"共走钢丝"的、对失误零容忍的工程，几千人中任何一个人在任何一个环节上出现问题，都可能导致重大损失，这就要求每一个人，都必须在自己的岗位上，在所负责的工作中，以认真负责、追求极致的态度来完成每一项工作，也就是要求每一个人都要坚持"工匠精神"。要让"工匠精神"贯穿在工程建设的每一个环节，永无止境地追求高品质、高精度，已成为每一名建设者的工作信条。

一节沉管 38m 宽、180m 长、11.5m 高，每节沉管舾装件及安装设备中里外螺钉总数超过 2 万个，沉管水下安装精度要求极高，要做到设备不渗水不漏水，安装接缝处的间隙必须小于 1mm。某组长负责沉管安装上百个系统中三个关键系统的零配件装卸，他带领着工友们在海中 40m 深的沉管内作业，依靠一把把扳手，把所有的螺钉都拧得严丝合缝，成为保障沉管隧道安全的最后一道生命线。每节沉管上万个零配件要在每次沉管安装前后安装、拆卸一次，仅螺钉就超过两万个，重复的标准化作业枯燥但又至关重要，凭着"每拧一个螺钉都要检查三遍"的"匠心"，该班组创造了 60 万颗螺钉"零失误"，成功完成 33 次海底隧道对接任务，无一次出现问题。

工匠精神让工地上的清扫工都懂得了最简单的事也要做到最好，因为"隧道结构浇筑混凝土不容许有任何杂质，否则 120 年的使用寿命就无法保证。如果海风将烟头吹进正在搅拌的混凝土中，浇筑出来的混凝土就会有质量隐患"；工匠精神让检验工学会拿着显微镜检查质量，以鸡蛋里面挑骨头的劲头，保证每一工序、每一个细节都达到标准；工匠精神让庞大的建筑体施工不断追求"毫米级"的精度，钢筋加工偏差控制在 1mm 之内、清水混凝土模板拼装偏差控制在 1mm 之内、沉管隧道内装饰板安装偏差控制在 1mm 之内，就算是 6000T 巨型沉管在水下 45m 处对接，最终也实现了 3

毫米级的精度。

2. 班组凝聚力增强

Ⅲ工区二分区坚持每天开班前会，每周开班组长安全周会。6 年时光，2000 多个日夜的坚持，嘹亮的安全口号点亮牛头岛的黑夜，整齐的早班操吹响了千人奋战的号角。班组长在班前会上检查劳保用品穿戴，实现了 1000 多名作业人员安全帽 100% 佩戴正确；总结昨天的工作内容，根据今天的作业进行工作安排，交代存在的安全风险、注意事项。一切显得那么秩序井然，却又令人钦佩，平凡的建设者们，用六年如一日的坚持，成就了国人百年的梦想。此刻认真的他们，像是钢铁军人，自有万千豪情，班组是超级工程最坚实的安全墙。

"我很敬佩他们，发自内心的尊重和认可，他们昂扬的精神面貌，对班组员工高度负责的工作态度，他们是价值创造者，是生命守护者。"工区常务副经理在参加完班组长安全周会后不加掩饰地对班组长称赞。那晚，4 号台风"妮妲"警报刚刚解除，会议上所有的班组长，整齐一致地身着工作服，带着笔记本，笔尖划过的沙沙声格外动听，专注认真的眼睛晶晶发亮，一刹那，那种同呼吸共进退的集体力量令人肃然起敬。班组长们用最常态化的工作态度，用最常见不过的举动，感动着工区每一位参会人员。仿佛刚刚远去的强台风不曾发生，相信这是深刻在骨子里的组织和纪律，烙印在心里的责任和荣誉。

"不畏浮云遮望眼"，用心做好班组工作，用尊重和关爱对待每一位劳动者，树立班组建设的标杆，把"不让一名员工倒下"的承诺落到施工生产中；重心下移，不断服务生产一线人员，尊重生命，尊重价值创造。只有不忘初心，继续前进，传递班组正能量，不断引领班组建设的新风尚，才能持之以恒、不容松懈地为超级工程生产安全保驾护航。

3. 团队合作深化

项目总经理部是一个团体，离开任何一个部门、任何一位员工都不完整。因此各部门、各员工都应各司其职，各承其责，齐心协力完成任务。对于 6S 管理，也必须要求全员参与。如果只有少数人员执行，并不能获得显著效果。经过推行 6S 管理，可以使全员获得参与其中的快乐，感受到团结的力量，让每一位员工真正体会到团队合作的重要性。

团队建设从提升员工素养出发，要求团队分工合理，将每个成员放在适合的位置上，最大限度地发挥各自的才能，并通过完善的制度、配套的措施，使所有成员形成一个有机整体并深化合作，为实现团队目标而奋斗。素养的提升从创造安全整洁的作业环境开始，作业人员在钢筋绑扎区井然有序地工作，将钢筋绑扎成品分类码放，在预制厂和沉管隧道等作业区内定时定期清扫；项目总经理部针对作业人员广泛宣传 6S

管理，积极开展各类培训，激发和促使作业人员从细节入手，在作业过程中相互配合，仔细严谨。图 9-37～图 9-39 为素养环节的开展过程。作业人员通过宣传培训、提高认识、统一标准、注重细节、持续改进等方式，同心协作创造出安全整洁的作业环境。

图 9-37　素养提升——从创造安全整洁的作业环境开始

图 9-38　广泛宣传，积极培训是提升素养的有效途径

（a）　　　　　　　　　　　　　（b）

（c）　　　　　　　　　　　　　（d）

图 9-39　素养提升，从细节开始

（a）班前操——开启一天工作状态；（b）班前会——交代当日作业要点；（c）穿戴整齐，作业规范；

（d）相互配合，仔细严谨

9.3.6　安全：岛隧工程安全管理

岛隧工程作业线长、点多、工序繁杂，多团队联合作战，交叉作业频繁、工序间相互干扰多，施工现场安全管理极具挑战性。因此，在岛隧工程建设过程中推行 6S 管理，以安全为中心，以整理、整顿、清洁、清扫为基本手段，通过环境改善提升现场人员素养，使 6S 管理彻底融入施工现场，实现 6S 工地化。各工区通过分阶段分层次推行 6S 管理，实现了从营造气氛到自主整改的转变、从自主整改到自觉行为的过渡、从自觉行为到自发习惯的升华。这样可消除安全隐患，做好安全保障，提高作业人员安全意识，最终实现工程本质安全。

1. 消除安全隐患

消除安全隐患需要从源头入手，针对可能出现隐患、影响安全的节点，实施动态监控，从源头控制危险源，及时整改并持续检查改进。

（1）动态监控。

为加强对施工现场的安全管控，项目总经理部在施工现场安装远程视频监控系统，以实现对施工现场的动态、实时管理，对施工现场的安全生产、文明施工、消防保卫等情况进行有效监控。同时针对工程质量及结构安全，还进行隧道结构及线形监控、沉管隧道内施工监控、沉管管节舾装监控、清水混凝土监控等。

①隧道结构及线形监控。

实施沉管隧道施工监控，使沉管隧道结构及线形始终处于可控状态。沉管隧道管节数量多达 33 个，且部分位于曲线上，沉管管节水下安装对接要求高，不仅要确保管节接头有效止水，而且贯通后的隧道结构建筑限界及总体线形必须满足设计要求。为减少累积误差，提高管节平面线形的控制精度，必须将管节平面偏差控制在设计允许范围之内。

②沉管隧道内施工监控。

对隧道工作人员进行门禁管理，配置足够数量的保安对门禁进行值守，使用"隧道人员考勤安全管理系统"，如图 9-40 所示。隧道口设置门禁系统，包括人员考勤安全管理（含人员定位）系统、隧道施工相关安全宣传警示标识、值班室及门禁值守人员等，通过门禁管理，实时掌握隧道内人员、车辆及其进入的时间和数量等情况。

图 9-40　隧道人员考勤安全管理系统

在隧道内设立视频监控及通信：在隧道进出口处和隧道内部重要施工部位安装可 360° 旋转的工业级高清摄像头；在隧道监控室（调度室）、隧道口处安装有线电话，隧道内每个管节安装一部有线电话，方便隧道内沟通联系；安装应急广播系统，隧道每个管节两侧均安装应急广播。

③管节舾装监控。

为加强管节舾装的质量控制，项目总经理部成立了舾装质量内控推进小组，工区对应成立一次舾装小组，建立验收制度，联合组织验收。舾装施工质量实行舾装各工序施工质量确认制，由工区小组全程监控，项目总经理部舾装质量内控推进小组负责确认，确认满足要求后进行工序交接。其流程是先进行一次舾装，舾装完进行验收，验收通过后进行出坞前的二次舾装，接下来对船机进行检查及调试，再进行沉放演练、钢封门检测，最后确认出坞。以严谨的工作态度对待每一道工序，不放过任何的细枝末节，严格做到不让隐患出坞。

④清水混凝土监控。

东西人工岛上的清水混凝土施工质量要求极高、施工界面复杂，为有效控制施工质量，及时有效解决现场问题，项目总经理部成立了东西人工岛清水混凝土监控组，制定《东西人工岛岛上建筑清水混凝土监控管理办法》，明确职责分工和管理工作重点，建立长效机制，强调精雕细刻、精品意识的养成和提高，加强日常巡查和测量复核，常态化做好清水混凝土施工质量管理工作。

综合以上，隧道结构及线形监控是从技术层面出发以保障沉管隧道结构安全，在确保沉管隧道工程永久结构施工质量的基础上保障工程安全；沉管隧道内施工监控是保障施工期间作业人员健康安全和施工作业安全；沉管管节舾装监控是临时结构、附属设施、监控设施和部分永久结构等的质量监控，也是在保障质量的前提下保障施工安全、工程安全；清水混凝土监控是常态化做好清水混凝土施工质量管理工作的监控，承担现场施工安全的监控。以上这些监控形式组合在一起，共同助力消除安全隐患。

（2）源头控制。

基于岛隧工程全过程高风险特性，项目总经理部实施动态安全风险分析，防患于未然，从源头把控本质安全。工程开工前，项目总经理部按照《公路桥梁和隧道工程施工安全风险评估指南（试行）》相关要求，对施工项目进行风险总体评估及专项评估，形成了《港珠澳大桥岛隧工程施工安全风险评估报告》，制定并落实风险控制措施，规范预案预警预控管理。工程开工后，项目总经理部引进国外专家团队作为风险管理顾问，成立风险管理委员会和 7 个风险任务小组，创造性地组织开展风险管理工作；结合工程实际，认真组织危险源辨识工作，每月进行风险分析评价，填写风险登记表，并定期更新，实现风险动态管控，从源头上降低、控制安全风险。

（3）持续检查改进。

在大规模的建设工程现场开展 6S 管理是一项重要的积极尝试，需要结合现场安全检查发现问题、解决问题，对现场 6S 管理的实施方案、实施要点进行持续不断的调整和改进，寻找与项目实际相适应的 6S 管理模式。在岛隧工程建设过程中，坚持每周一次周安全检查和周例会，每月一次月度综合检查和月度安全例会，及时检查、及时发现问题、及时消除安全隐患，确保各项安全生产规章制度贯彻到位、安全保障措施落实到位、安全防护设施规范标准齐全有效、现场施工安全有序进行。安全检查主要包括人的行为安全性、物的状态安全性、现场环境的安全性，安全防护设施的标准化和完备性，安全管理的有效性等。安全检查的主要形式有综合检查、验收性检查、定期检查、专项检查、随机性检查、季节性检查、上级单位及政府主管部门督查等，针对不同工区特点，采取一种或多种检查相结合的形式。

检查与纠正是对实施与运行环节的监督，对发现的风险隐患进行及时整改，确保管理到位，风险受控。项目总经理部严控过程监督与检查，明确项目总经理部、各工区监督检查的类型和频次、监督检查方法等工作要求，并建立监督检查标准体系。对检查中发现的各类隐患、问题，牢固树立"隐患就是事故""问题不过夜"的理念，做到"全覆盖、零容忍、强执行、重实效"，明确责任部门、落实责任人员、限定整改期限，密切跟进、严格督促落实。同时，6S 管理自身也是一个不断检查、调整、优化的过程。因此，在实施现场 6S 管理时必须强化检查考核、持续改进和优化。

2. 做好安全保障

（1）满足需求抓人心。

针对岛隧工程长周期、高风险、重复性，孤岛、孤船水上作业极易造成人员思想波动，项目总经理部致力打造"人心工程"，使得所有建设者能够"实现价值、得到尊重、感受关怀"，形成尊重人、理解人、关心人、爱护人的氛围，让一线员工充满归属感、成就感、幸福感。

项目总经理部提出与"超级工程"同步建设"人心工程"，直到工程结束的最后一天都要坚持人文关怀。例如，"振驳 28"抛石夯平船上有 47 名处于不同年龄段、来自不同地区、从事不同工种的职工，他们大部分都是毕业不久的大学生，却要在一条简易工程船上连续工作三年多，以完成沉管基础抛石夯平任务。这艘船上因堆满石料，$100m^2$ 的生活区只能摆下几个集装箱供大家住宿。项目部用一个月的时间，将集装箱改造成了一个配备电视、无线网、跑步机、动感单车的二层小楼，大家把二层小楼戏称为海上"联排别墅"。生活条件的改善带给参建者的是温暖的情感体验，这群年轻人最终在海上连续坚守了 1291 天，完成了近 6km 隧道基础抛石夯平施工的艰巨任务。除了"联排别墅"之外，项目还在三个孤岛设置"文化广场""情侣路"，施工现场设置休息厅、饮水处、医药点，工地宿舍统一配备空调、生活用品、定期送电影、送理发师、送健身教练上现场，开展有声有色娱乐活动，让一线员工感受关怀。

（2）开展安全教育培训。

岛隧工程就像一所实践大学，为所有参建者提供学习实践平台。依托国际化平台，引进国内外先进管理理念，在创新实践中学习、掌握前瞻施工技术；组织进城务工人员 6S 技能集训、各工地设立"职工夜校"；组织"技术比武"和"三大工种"技能评定，颁授"技能证书""岛隧工匠"。建设者们通过这些实践培训，实现了自身价值。项目总经理部和各工区针对管理人员和作业人员，开展入场三级安全教育、进场前安全技术交底。施工期间根据需要定期不定期开展不同形式的安全教育培训。每年开展形式多样的演练，包括沉管拖带、防台、人员落水、消防救生、弃船、中暑等，按要求每月组织一次演练，通过演练进一步验证应急预案的可行性、可操作性。良好的培训体系建立了项目浓厚的学习和安全氛围，给予管理人员和作业人员安全感。

（3）培养一流产业工人。

6年来，项目总经理部通过专项培训、技术交底、进城务工人员夜校等形式共培训进城务工人员 4500 余人，把文化程度不高的进城务工人员培养成了能看懂图纸、熟悉工艺流程的优秀技能人才。超级工程也是超级学校，在岛隧工程建设过程中，很多进城务工人员深入学习掌握了各类业务技能，成为技术能手和专业技师，有些已成长为超级工匠。例如，中央电视台系列纪录片《大国工匠》——管延安，管延安是一名航修队钳工，只有初中文化程度的他，在岛隧工程工作期间潜心钻研，不断提升业务技能,结合现场管理难题研发出了"桩退齿轮喷淋加油润滑装置",取得了涵盖装备制造、技术创新和船机改造的多行业创新成果，成为名副其实的"大国工匠"。通过培养一流产业工人这一过程，能够有效提高作业人员技术水平，提升队伍战斗力，降低安全风险。

3. 提高作业人员安全意识

所有作业人员统一工作服、劳保鞋，规范穿戴劳保用品，积极参与班前安全会、班组建设活动、班组评比活动，踊跃参加"优秀班组""优秀班组长""先进个人"评选，定期参与项目进场人员安全教育培训、技术交底、质量培训及总结交流。以此提高作业人员的安全意识，时时刻刻将自身安全放在心中，严格遵守安全制度。所有参建人员充满自豪感、荣誉感，对岛隧工程倍加呵护，所有作业人员都自觉参与现场管理，保持现场规范、整洁，珍惜干净、整洁的环境。

9.4   岛隧工程 6S 管理实施效果

岛隧工程通过实施现场 6S 管理，以环境改善和素养提升为基础，从源头控制和降低安全风险，实现了工程建设的本质安全和建设 120 年使用寿命的大桥的目标，打造了新世纪样板工程。

9.4.1   标准化施工现场呈现

通过实施现场 6S 管理，岛隧工程施工现场在有限条件下最大限度地实现了施工现场工厂化、6S 工地化和现场标准化，做到安全零事故、环保零投诉和质量零缺陷。

1. 工地工厂化

岛隧工程施工现场做到了人员定责、材料定位、设备定点、生产定序。在施工生产过程中，可以预制生产和拼装加工的构件全部采取工厂化预制生产和拼装加工；不能工厂预制生产和拼装加工的实行工地工厂化管理，流程化、工序化施工作业。

2. 6S 工地化

岛隧工程施工现场 6S 管理彻底融入日常管理，现场区域划分合理，安全标识醒目，临时道路规划合理、安全通畅，机械设备、施工材料摆放整齐、有序，环境整洁干净，作业人员精神饱满，素养得到提升，处处彰显 6S 管理之美。

3. 现场标准化

通过工地工厂化和 6S 工地化建设，岛隧工程实现了场容标准化、安全防护设施标准化和生产过程标准化。现场管理遵守 6S 工地化的相关要求，施工作业各工序、各环节遵循工地工厂化相应程序，实现施工作业过程、机械设备、临时设施等管、养、护等标准化、规范化管理，保证工程品质、保障生产安全。

图 9-41 为现场 6S 管理下标准化的岛隧工程施工现场。

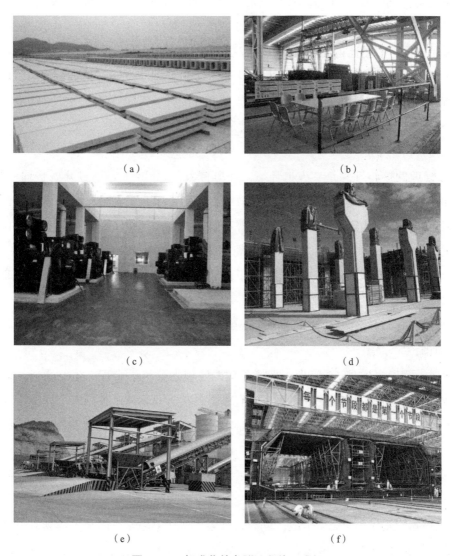

图 9-41　标准化的岛隧工程施工现场

（a）现场构件标准化摆放；（b）安全洁净的现场休息区；（c）整洁规范的高压发电房；（d）及时细致的成品保护；

（e）规范标准的施工现场；（f）"每一次都是第一次"的现场文化

9.4.2　施工现场 6S 管理成效显著

通过全面推行 6S 管理，岛隧工程施工现场环境得到全面改善，有效消除了安全隐患，保障了施工作业安全，在节约成本、减少浪费的同时，施工质量和效率大幅提升，施工现场 6S 管理成效显著。

1. 提高现场效率

岛隧工程自实施现场 6S 管理后，在减少材料浪费的同时现场效率得到明显提升。一方面，对消耗性材料，严格控制材料领用，通过整理、整顿清理闲置材料，对积压的废旧材料进行资源化处理，减少不必要的浪费，降低材料成本；对模板、脚手架、支架等周转性材料，及时、规范地清理和维护，降低材料损耗和维修时间；现场材料、设备取用方便，作业通道通畅安全，不仅提升了材料使用效率也消除了众多安全隐患，保障了施工安全和工程质量。另一方面，通过实施整理、整顿、清扫、清洁，现场区划合理、材料设备使用便捷，避免在人员、机械设备、时间、资源等方面造成不必要的浪费，实现了现场管理目视化、异常现象明显化。

2. 提升员工素养

6S 管理的核心理念是"人造环境，环境育人"。岛隧工程通过开展整理、整顿、清扫和清洁，施工现场环境得到全面有效改善，为员工自觉遵守规定和素养提升创造了良好条件，广大建设者实现了从一名普通施工工人向超级工程建设者和现代化建筑产业工人的转变，作业过程中的一丝不苟和精益求精成为广大作业人员的内在素养。员工素养提升和习惯养成，进一步推动了环境持续改善。现场人员在良好的作业环境中工作，情绪稳定，获得尊严和成就感，激发了员工敬业精神、团队精神和士气，形成了项目生产合力，创造更高的项目生产效益。

3. 消除安全隐患

岛隧工程通过实施 6S 管理，现场各功能区域划分科学合理，道路通畅，地面干净整洁，材料物资、机械设备存放规则有序，各类标识清晰；各项安全保障措施、防护措施和安全监管落到实处，安全管理标准化。如对施工现场机械设备、临时设施的管理，实行日常巡检和定期检查相结合，建立预防维修机制，形成超前维修等，保证机械设备、设施安全运行状态。7 年施工期内，沉管预制、人工岛筑岛及岛上建筑施工，特别是沉管、风帽等大型构件的安装，没有因设备故障而影响施工，更没有因为设备维养、管理不到位发生安全事故。同时，通过开展 6S 管理，提升了现场人员安全生产技能，使作业人员具备现场事故应急处置能力，能第一时间处理存在的安全隐患和突发状况，现场事故应急响应和处置机制得到进一步完善，有效地预防各类安全生产事故的发生。

4. 筑造百年品质

如果说整洁的施工现场环境是工程品质的基础,那么一丝不苟的作业态度则是工程品质的保障。持续深入推行 6S 管理,为岛隧工程项目创造了整洁有序的施工环境;重视素养培育,更为广大建设者自觉遵守规定创造了条件。在 6S 管理持续推行实施下,岛隧工程不仅生产了 120 年使用寿命的高品质沉管、实现了 6.7km 海底沉管隧道滴水不漏,对工程质量的精益追求更是打造了世界规模最大的清水混凝土建筑群,建设了东西人工岛两座珠江口最美新地标,筑造了零缺陷的百年工程,成为世界桥梁建设新标杆。

5. 塑造项目文化

伴随着现场 6S 管理持续深入的推广和实施,在岛隧工程现场形成了浓厚的 6S 管理文化氛围,激发了现场人员对生产过程和工程质量的更高追求。作业人员不仅追求按质按量完成项目生产目标,更追求如何多快好省地建设精品工程。逐渐形成了以"每天进步一点点"和"每一次都是第一次"等为代表的精益求精的项目文化。伴随着文化的持续影响,塑造了凝聚现场作业人员创造力和智慧的文化力量,并渗透到工程建设全过程,员工素养提高、协作精神加强,最终凝结到 120 年寿命的岛隧工程上,高品质地达成了工程建设目标。

第4篇 工具篇

　　在施工现场推行6S管理时，需要用到很多管理工具。按照管理工具在6S管理中发挥的不同作用，分为标识标牌类、检查考核类和改善措施类，这三大类别工具是施工现场6S管理的重要内容，构成一套为保证施工现场6S管理高效运行的工具库。

　　本篇主要介绍标识标牌类、检查考核类和改善措施类工具的内容、使用和作用等。标识标牌类包括8个具体工具，主要是保证施工现场6S的目视化管理和看板管理，让现场人员能够一眼就知道何处有何物，用以保障现场安全。检查考核类包括11个具体工具，主要是考察6S管理的效果，根据各项检查表掌握施工现场6S的落实情况，通过对检查表的分析和对比，了解尚待解决的问题，运用考核表激发现场人员的积极性。改善措施类包括5个具体工具，是针对6S管理过程中发现的问题进行持续的改进优化，确保6S管理的生命力和活力。这三大类别工具对施工现场6S管理起着关键作用。

第10章 标识标牌类

10.1 线条标识

施工现场外围环境标识包括室外通行线标识、机械设备（如汽车库位）标识、自行车库位标识、道路路沿标识、井盖设施标识等。展示外围环境标识如图10-1所示。

图10-1 外围环境标识

线条颜色和宽度的设置有利于加强提示作用，颜色标准见表10-1；线条宽度标准见表10-2。

线条颜色标准 表 10-1

项 目	颜色名称	标准色样
隔栏、隔断	黄 色	
货架	灰 色	
参观通道	绿 色	
斑马线	黄黑间隔色	

线条宽度标准 表 10-2

项 目	基准规格（mm）	基准颜色
主通道线	100	
室内一般通道线	100	黄色
仓库区域线	50	

续表

项　目	基准规格（mm）	基准颜色
车间区域线	50	黄色
辅助通道线	50	
可移动物	50	
门开闭线	25	
小物品定位线	25	
不合格品区域线	50	红色
废品、闲置物	50	
灭火器、消防栓	50	
垃圾桶	50	
危险区域	50	
警告警示	50	斑马线
坑道周围	50	
合格品区域线	50	绿色

10.2　通道标识

为指明各类人行通道的范围,形成人流和物流鲜明的工程环境。主要划分为主通道、参观通道、检查通道、安全通道（图 10-2）等。通道地面标识方法见表 10-3。

图 10-2　安全通道示例

通道地面标识方法　　　　表 10-3

通道类型	颜色	宽度（mm）
主通道	绿色	1500
参观通道	绿色	1500
检查通道	蓝色	500
安全通道	黄色或红色	1500

10.3 专用标识

设备及电器标识类别，见表 10-4。

设备及电器标识类别   表 10-4

序号	标识名称	序号	标识名称
1	螺栓螺母松紧状态标识	10	检查部位标识
2	管道颜色标识	11	注油点标识
3	管道流向标识	12	油桶种类标识
4	物流运行方向标识	13	换件周期标识
5	旋转体旋转标识	14	设备备用 / 运行标识
6	电机旋转方向标识	15	设备铭牌标识
7	空压油壶界限标识	16	电气控制箱标识
8	扳手型阀门标识	17	电器警示灯标识
9	设备维修中标识	18	额定电压标识

物品及材料标识类别见表 10-5；物品及材料标识示例如图 10-3 所示。

物品及材料标识类别   表 10-5

序号	标识名称	序号	标识名称
1	零件放置区标识	8	小物件定位标识
2	半成品区标识	9	台阶形架台保管标识
3	物料底盘颜色标识	10	保管柜标识
4	物品原位置标识	11	物品现况标识
5	垃圾分类回收标识	12	物品定量标识
6	垃圾桶定位定量标识	13	零件堆放限高线标识
7	瓶装药品保管标识	14	物料订货卡管理标识

图 10-3　物品及材料示例

施工现场工器具较多，使用频繁，为了能够让施工人员一目了然，简单迅速区分出工器具，在施工现场制作工器具标识，其类别见表 10-6。

工具、器具标识类别　　　　　　　　　　　　　表 10-6

序号	标识名称	序号	标识名称
1	一般工具的标识（工具陈列柜）	5	砂轮片/碟片保管标识
2	撬棍类工具的标识（兵器架）	6	手套保管标识
3	胶管电缆类的保管标识（转盘）	7	绳索保管标识
4	清扫工具保管标识	8	搬运工具标识

10.4　安全警示标识

清晰醒目的安全警示标识能够提示施工人员注意安全，让现场人员远离危险区域和危险物品，避免意外发生。同时，当紧急情况或事故发生时，能够提示现场人员及时逃生或按照应急预案的要求进行应急处置，避免事故扩大或发生次生事故，如发生火灾时，消防设施位置标识清晰，现场人员可以迅速灭火。列举出的现场重要安全警示标识类别见表 10-7，现场标识情况如图 10-4 所示。

安全警示标识类别　　　　　　　　　　　　　表 10-7

序号	标识名称	序号	标识名称
1	消防设施管理标识	8	反射镜的设置
2	消防设施位置标识	9	通道上方障碍物高度标识
3	消防提示性标识	10	保护性指令标识
4	固定梯子的设置	11	禁令性标识
5	传送带地面标识	12	电力安全标识
6	旋转移载设备的隔离	13	消防紧急疏散图的标识
7	墙角墩柱标识	14	危险物品保管标识

（a）　　　　　　　　　　　　　　（b）

图 10-4　安全警示标识（一）

（a）发电机房内警戒线；（b）预留孔洞临边安全警示

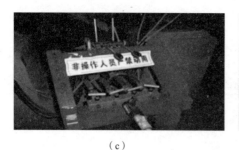 

（c） （d）

图 10-4　安全警示标识（二）

（c）液压系统安全标识；（d）钢筋加工设备警示标识

10.5　红单标签

红单作战法是指使用红（黄）牌子，把存在问题、需要整理的对象或区域贴上红单，标明该区域或场所需要整理的物品对象名称、数量等信息，需要整理的对象一目了然。红单对象包括库存物料、机械设备、工具、办公设备及生活用品，使现场施工人员一眼看出物品名称、数量等，分辨并处理必需品和非必需品。红单标签如图 10-5 所示。

图 10-5　红单标签

10.6　便贴

根据材料的使用程度和频率确定不同处理方法，区分必需品和非必需品。对于经常使用的工具，分类摆放，列为必需品；不常用或只用一次的物品做好便贴，放置在固定位置，列为非必需品。工器具分类便贴如图 10-6 所示，对文件柜的整理便贴如图 10-7 所示。

图 10-6　工器具分类　　　　图 10-7　文件柜整理

10.7　区域标牌

为区分现场各区域的范围和界限，明确区域的名称，方便管理，对钢筋绑扎区、临时休息区等各区域进行命名并悬挂标牌，如图 10-8 所示。

图 10-8　区域标牌示例

10.8　管理看板

为强化 6S 管理意识，达到现场 6S 管理的要求，施工现场设置管理看板。管理看板包括工厂方针、主要指标、工艺流程、质量监督、安全管理及 6S 管理看板等，如图 10-9 所示。

图 10-9　管理看板

第 11 章　检查考核类

11.1　整理检查表

清洁活动中需要对整理工作进行检查，可按照表 11-1 从通道状况、工作场所的设备材料、办公室、料架状况等方面进行检查。

整理检查表

表 11-1

项次	检查项目	分值	检查状况	检查得分
1	通道状况	0	有很多东西或脏乱	
		1	虽能通行，但要避开，车辆不能过去	
		2	堆放物品占用通道	
		3	占用通道，但有警示牌	
		4	很畅通、整洁	
2	工作场所的设备、材料	0	一个月以上未用的物品杂乱地放着	
		1	放置不必要的东西	
		2	放半个月以后用的东西，杂乱	
		3	一周内要用的东西，且整理好	
		4	三天内使用，且整理好	
3	办公桌（作业台）上、下及抽屉	0	不使用的物品杂乱	
		1	放置半个月才用一次的物品也有	
		2	一周内要用的量	
		3	当日使用但杂乱	
		4	桌面及抽屉内均放置最低使用量，且整齐	
4	料架状况	0	杂乱存放不使用的物品	
		1	料架破旧，缺乏整理	
		2	摆放不使用物品但整齐	
		3	料架上的物品整齐摆放	
		4	摆放近日使用物品，很整齐	
5	仓库	0	塞满东西，人不易行走	
		1	东西杂乱摆放	
		2	有定位规定，没有严格执行	
		3	有定位也在管理状态，但进出不方便	

续表

项次	检查项目	分值	检查状况	检查得分
	小计			
备注				

11.2 整顿检查表

整顿检查可按照表 11-2，从设备、机器、仪器、工具、零件、图纸、作业指导书、文件、档案等方面进行检查。

整顿检查表　　　　　　　　　　　　表 11-2

项次	检查项目	得分	检查状况	检查得分
1	设备、机器、仪器	0	破损不堪，不能使用，杂乱放置	
		1	不能使用的集中在一起	
		2	能使用但脏乱	
		3	能使用，有保养，但不整齐	
		4	摆放整齐、干净，最佳状态	
2	工具	0	不能用的工具杂乱放置	
		1	勉强可以用的工具多	
		2	均为可用工具，缺乏保养	
		3	工具有保养，有定位放置	
		4	工具采用目视管理	
3	零件	0	不合格品与合格品杂放在一起	
		1	不合格品虽没有及时处理，但有区分与标示	
		2	只有合格品，但保管方法不对	
		3	只有合格品，保管有定位标示	
		4	只有合格品，保管有定位，有图示，任何人都很清楚	
4	图纸、作业指导书	0	过期与使用的杂放在一起	
		1	不是最新的但随意摆放	
		2	是最新的但随意摆放	
		3	有卷宗夹保管，但无次序	
		4	有目录、有次序且整齐，任何人很快能拿到	
5	文件、档案	0	凌乱放置，使用时不易寻找	
		1	虽然零乱但可以找到	

项次	检查项目	得分	检查状况	检查得分
5	文件、档案	2	按一定规则集中放置	
		3	有定位但不够明确，容易找到	
		4	明确定位，使用目视管理，任何人能随时找到	
	小计			
备注				

11.3　清扫检查表

清扫检查可按照表 11-3 对通道、作业场所、办公桌、作业台、窗、墙板、顶棚、设备、工具、仪器等方面进行检查。

清扫检查表 表 11-3

项次	检查项目	得分	检查状况	检查得分
1	通道	0	有烟蒂、纸屑、铁屑其他杂物	
		1	虽无杂物，但地面不平整	
		2	水渍、灰尘不干净	
		3	清扫过，但地面在施工过程中留下烟蒂、纸屑、铁屑其他杂物	
		4	频繁清扫，通道保持整洁干净	
2	作业场所	0	有烟蒂、纸屑、铁屑其他杂物	
		1	虽无杂物，但地面不平整	
		2	水渍、灰尘不干净	
		3	零件、材料、包装材料存放不妥，掉地上	
		4	频繁清扫，通道保持整洁干净	
3	办公桌、作业台	0	工具、零件很脏乱	
		1	桌面、作业台面满布灰尘	
		2	桌面、作业台面虽干净，但破旧未修	
		3	桌面、台面很干净整齐	
		4	桌面、椅子及四周均干净亮丽	
4	窗、墙板、顶棚	0	任凭破烂	
		1	破烂但进行了简单处理	
		2	乱贴挂不必要的东西	
		3	一般干净	

续表

项次	检查项目	得分	检查状况	检查得分
4	窗、墙板、顶棚	4	干净亮丽，很是舒爽	
5	设备、工具、仪器	0	有生锈	
		1	虽无生锈，但油污	
		2	有轻微灰尘	
		3	保持干净	
		4	使用中防止不干净措施，并随时清理	
小计				
备注				

11.4 清洁检查表

清洁工作中将前 3S 工作制度化、标准化并反复执行的同时，也需对清洁工作进行检查，按照表 11-4 对通道和作业区、地面、办公桌、作业台、椅子、架子、会议室、洗手台、厕所、储藏室、设备、工具、仪器等进行检查，发现问题进行整改。

清洁检查表 表 11-4

项次	检查项目	得分	检查状况	检查得分
1	通道和作业区	0	没有划分	
		1	有划分，但不流畅	
		2	画线感觉还可以	
		3	画线清楚，地面有清扫	
		4	通道和作业区感觉很舒畅	
2	地面	0	有油或水	
		1	油渍或水渍显得不干净	
		2	不是很平	
		3	经常清理，没有脏物	
		4	干净亮丽，感觉舒服	
3	办公桌、作业台、椅子、架子、会议室	0	很脏乱	
		1	偶尔清理	
		2	虽有清理，但还是很脏乱	
		3	自己感觉很好	
		4	自己、同事、检查人员都感觉很舒服	

项次	检查项目	得分	检查状况	检查得分
4	洗手台、厕所	0	容器或设备脏乱	
		1	破损未修补	
		2	有清理但还是有异味	
		3	经常清理，没有异味	
		4	干净亮丽，还加以装饰，感觉舒服	
5	储藏室	0	阴暗潮湿	
		1	阴暗潮湿，设有通风	
		2	照明不足	
		3	照明适度，通风好，感觉舒服	
		4	干干净净，整整齐齐，感觉舒服	
6	设备、工具、仪器	0	有生锈，运行不畅	
		1	虽无生锈，但油污，运行稍有不畅	
		2	有轻微灰尘，运行正常	
		3	保持干净，运行良好	
		4	使用中防止不干净，始终保持运行通畅	
小计				
备注				

11.5 设备维修记录表

对施工设备应及时检查，并认真填写设备维修记录表，设备维修记录表见表 11-5。

设备维修记录表　　　　　　　　　　　　　　　　　　　表 11-5

设备维修记录表
设备名称：　　　　　　　　　设备编号：
填写日期：_____年___月___日
停止时间：_____年___月___日___时
维修状态：BM（　）; PM（　）; CM（　）
区分：内修（　）; 外委修理（　）
故障部位：　　　　　　　　　维修工程师编号：

1.故障现象描述：	2.原因分析：
3.采取对策：	4.防止故障再发生的措施：

续表

维修更换零件	维修费用
P/N：（建议有中文表达）	外购零件费：
规格：	委外维修费：
数量：　　　　单价：	内部修理人工费：
总金额合计：	总费用合计

11.6　检查通报表

清洁过程中需要区域负责人按照表 11-6 和表 11-7 进行检查通报，根据发现问题的实际情况，确定最短整改期限，并在整改后进行复查。

××-×× 检查通报　　　　　　　　　　　　　表 11-6

检查时间		
检查地点		
检查主题		
检查内容		
参检人员		
通报内容	存在问题说明（附照片）	
	整改措施	
	整改责任人	
	监督人	
	整改时限	
	整改要求	
	现场检查照片	

××-×× 复检报告　　　　　　　　　　　　　表 11-7

复查的具体情况：

复查人：

分管领导：

单位：

复查时间：_____年___月___日

11.7　素养检查表

对素养工作进行检查时，可按照表 11-8 对日常 6S 活动、服装、仪容、行为规范、时间观念等方面开展，发现问题进行整改。

素养检查表　　　　　表 11-8

项次	检查项目	得分	检查状况	检查得分
1	日常 6S 活动	0	没有活动	
		1	虽有清洁清扫工作，但未执行 6S 计划工作	
		2	开会有对 6S 宣贯	
		3	平常做能够做得到的	
		4	活动热烈程度大家均有感受	
2	服装	0	穿着脏，破损未修补	
		1	不整洁	
		2	纽扣或鞋带未弄好	
		3	胸卡等标识牌未按照规定佩戴	
		4	穿着符合规定要求	
3	仪容	0	不修边幅	
		1	头发胡须过长	
		2	头发胡须定期修剪	
		3	面容干净，感觉精神有活力	
4	行为规范	0	举止粗暴口出脏言	
		1	衣衫不整，不讲卫生	
		2	自己的事能做好，但缺乏团队精神	
		3	能遵守规章	
		4	主动，团队意识强	
5	时间观念	0	缺乏时间观念	
		1	稍有时间观念	
		2	不愿时间约束，但会尽力去做	
		3	在约定时间内全力完成任务	
		4	约定时间后提早保质保量完成任务	
小计				
备注				

11.8 前 5S 核查表

素养工作结束后需要对前 5S 进行核查，可按照表 11-9 分别对整理、整顿、清扫、清洁、素养环节进行检查给出得分，发现问题进行修正。

前 5S 核查表（施工现场查核）　　　　　　　　　　表 11-9

项目	检查内容	配分	得分	缺点事项
（一）整理	（1）是否定期实施红牌作战（清除不必要品）	5		
	（2）有无不用或不急用的夹具、工具	4		
	（3）有无剩料及近期不用的物品	4		
	（4）是否有"不必要的间隔"影响现场视野	4		
	（5）作业场所是否明确的区别清楚	3		
	小计	20		
（二）整顿	（1）仓库、领料室是否有规定	4		
	（2）料架是否定位化，物品是否依规定放置	4		
	（3）夹具、工具是否有颜色管理，易于取用，不用寻找	9		
	（4）材料有无配置放置区	5		
	（5）废弃品或不良品放置是否有规定，并加以管理	3		
	小计	25		
（三）清扫	（1）作业场所是否杂乱	3		
	（2）作业台是否杂乱	3		
	（3）产品、设备有无脏污，附着灰尘	3		
	（4）配置区画线是否明确	3		
	（5）作业区域在下班前有无清扫	3		
	小计	15		
（四）清洁	（1）前 3S 是否规则化	5		
	（2）机器设备是否定期查验	2		
	（3）服装穿着是否遵照规定	3		
	（4）工作场所有无放置私人物品	3		
	（5）吸烟场所有无规定并遵守	2		
	小计	15		
（五）素养	（1）有无日程管理表	5		
	（2）需要的护具有无使用	4		
	（3）有无遵照标准作业	5		
	（4）有无发生异常时的对应处理规定	5		
	（5）班前会是否积极参加	6		

续表

项目	检查内容	配分	得分	缺点事项
（五）素养	小计	25		
合计		100		
备注				

11.9　班前会流程表

班前会流程包括出勤检查、前一天工作总结、任务规划等内容，具体见表 11-10。

班前会流程表　　　　　　　　　　　　　　　　　　表 11-10

步骤	早会内容	所需时间	注意要点
第 1 步	检查员工出勤及穿戴情况	30 秒	
第 2 步	总结前一天生产情况，对前一天生产过程中遇到的问题进行分析与总结	5 分钟	用数据描述说明
第 3 步	公布当天生产计划及任务分配，并提醒应当注意的要点	3 分钟	任务分配，按时完成

11.10　安全检查表

对安全工作进行检查时，可按照表 11-11、表 11-12 对管理制度、人员配备、现场管理、过程控制等方面开展，对发现问题跟踪整改、闭合管理。

安全检查表　　　　　　　　　　　　　　　　　　表 11-11

项目	检查方式	扣分标准	标准分	扣分
管理制度	查资料	1. 规范建立安全、人员、材料、设备、技术、文明施工、环境保护、水土保持等管理制度，管理机构健全。每缺少一项扣 2 分，不规范扣 1 分	20	
		2. 标准化工地管理机构不健全，扣 2 分		
		3. 标准化工地建设无规划、无检查、无定期总结，每项扣 2 分		
		4. 无实施性施工组织设计，扣 5 分		
		5. 施工组织设计无针对性的文明施工、安全、质量、管线保护、现场卫生等管理措施，扣 2 分		
		6. 高危作业时无专项的应急处置预案，扣 3 分		
人员配备	查资料及查现场	1. 未按照公司及业主要求配备协作队伍，扣 10 分	10	
		2. 未按安全标准化工地配备人员，相应人员未到岗到位，每缺一人扣 2 分		
		3. 特殊工种人员不齐，即未按一机一人设防、未按要求设置施工防护、施工负责人等级不够，每一项扣 5 分		
		4. 施工现场劳动力不足影响施工安全，每项（次）扣 10 分		

续表

项目	检查方式	扣分标准	标准分	扣分
人员配备	查资料及查现场	5. 人员不符且无合法变更手续，或人员资格不符，每人扣1分	10	
		6. 专职安全检查人不按规定在岗，各次每人扣2分		
		7. 其他专职技术人员不按规定在岗，每人扣1分		
现场管理	查办公区及生活区	1. 施工现场未进行平面规划，未经审核批准后实施，并未纳入相应的施工组织设计中，每项扣1分；未考虑防火、防洪、防爆，每项扣1分；未按生产区、辅助生产区、办公生活区进行划分，扣2分	10	
		2. 门卫、财务、危险品存放点、仓库、配电间、木工间、宿舍、食堂等部位各项安全防范制度应上墙，每缺一处扣1分，不规范一处扣0.2分		
		3. 办公、生活区未设置相关企业标识；各种宣传标语不醒目；区内未设宣传栏、黑板报、读报栏等，每缺一项扣1分		
		4. 管线布置不整齐，不符合规定，每处扣1分		
		5. 办公、生活区房屋应结构牢固，室内地坪未进行硬化，室外场地未因地制宜进行适度美化绿化，且排水不畅通，每项扣2分		
		6. 办公生活区采取封闭式管理，应有固定的出入口，有条件时应设置大门；出入口处设置专职保卫人员，制定专门的管理制度，未达标扣2分		
		7. 生活区内员工宿舍、食堂、锅炉房、浴室、文体活动室、厕所等设施齐全，保持室内外环境清洁，每缺一项扣1分，环境差扣2分		
		8. 现场锅炉房采用非易燃材料建造，锅炉房应设在远离易燃材料的地方，并设在下风向，烟囱上应装防火帽，未做到扣2分		
		9. 做好房屋内的安全用电和防火工作，按有关规定配备消防器材及安全警示牌，夏季应有防止蚊蝇的措施，冬季应有防煤气中毒及炉火管理规定，未做到每项扣2分		
		10. 搞好环境卫生工作，对生活垃圾和污水应按规定处理，保证周围环境整洁卫生，未做到扣2分		
		11. 协作队伍的现场临时设施应与本单位职工的现场临时设施同等对待，未做到扣1分		
		12. 办公区设施应规划整齐，设置满足使用的会议室及停车场；办公驻地应设置揭示牌，未达到扣1分		
		13. 办公室房门应设置规统一、视觉醒目的标牌，室内悬挂职能人员安全生产岗位责任制，未做到每差一项扣0.5分		
		14. 会议室应张贴下列图表：组织机构图、安全质量环境保证体系、线路平纵断面缩图、工程形象进度图、项目管理方针和管理目标，每差一项扣1分，不规范一项扣0.2分		
		15. 宿舍、食堂、厕所应符合相关要求，不符合每项扣0.5分		
		16. 工地现场无合格的饮用水的，扣2分		
		17. 生活区厕所无冲洗设备、无专人清扫、无集粪坑的，扣1分		
		18. 食堂未生熟分开、无专人管理，无有效消毒、防尘、灭蝇、灭鼠措施的，每项扣2分		
		19. 宿舍生活用品摆放整齐、墙上无蛛网、地上无痰迹、床下无脏物，不符合的每项扣1分		

续表

项目	检查方式	扣分标准	标准分	扣分
现场 管理	查办公区 及生活区	20. 工地无医务室或配备急救药箱，无专职或兼职的医务人员负责现场卫生的，扣 2 分	10	
		21. 施工人员的标准化工地创建活动知晓率达不到 95% 的扣 1 分		
		22. 宣传文字使用不规范，有错字、别字的，扣 0.1 分		
	查辅助生 产区	1. 未统一制作、悬挂、设置安全标示、警示标志或标识不规范，每牌扣 0.5 分	5	
		2. 按照项目部规定的工地建设标准进行建设，未达标一项扣 2 分		
		3. 危险品仓库附近无明显标识及围挡设施，每处扣 3 分		
		4. 现场机械设备未悬挂或张贴安全操作规程，每台套扣 1 分；标牌未按照统一标准制作扣 0.5 分；无使用、维护、保养记录，每台套扣 1 分		
		5. 现场材料堆放未按防火要求，每一项扣 1 分；消防设施失效或不具备实用价值，每处扣 1 分		
		6. 搅拌站、预制场、材料加工场、原材料、半成品、成品存放场、库房等分别按照相关要求标准办理，未达到每项扣 1 分		
		7. 大型临时设施应符合有关标准的规定，违反规定每项扣 3 分		
	查生产区	1. 施工现场应在醒目位置设置统一规定的"七牌一图"（即标准化创建目标及工程创优牌、工程概况牌、管理人员名单及监督电话牌、消防保卫牌、环境保护牌、安全生产牌、文明施工牌和施工现场平面图）及其他标牌（重要工程现场还应设置：有标明工点名称、工程概况、项目经理、技术负责人、质量安全负责人、平面布置图、纵断面图、安全质量保证措施等内容的公告牌）；每缺一块扣 0.5 分，不规范一块扣 0.2 分	25	
		2. 生产区应设置安全生产、文明施工、环境保护的宣传教育标牌、标语及宣传栏（橱窗），未做到每项扣 1 分，不规范每项扣 0.2 分		
		3. 管理及作业人员未佩戴安全帽、上岗证、袖标（牌），着装不统一，每人扣 0.5 分；非施工车辆和人员进入施工现场，每车、每人扣 0.5 分		
		4. 严格按照施工用电专项组织设计与平面布置进行架设和管理电力线；夜间施工时，现场应设有满足施工安全要求的照明设施；未达到每项扣 2 分，不规范每项扣 0.5 分		
		5. 机械设备应符合相关规定，不符合每项扣 0.5 分		
		6. 机械在操作中，其回转范围内不得有人或机械通过；临街（道）脚手架、临近高压电缆以及起重机臂杆的回转半径达到施工现场范围以外的，均应按要求设置安全隔离设施；未设置每处扣 3 分		
		7. 各个工种建设按照专业要求执行，未达到每项扣 1 分；出现安全问题根据问题大小扣 1~10 分		
		8. 施工安全防护人员备品不齐的，每人扣 2 分；作业人员未穿防护服的，每人扣 1 分		
		9. 使用电器、电箱不符合安全要求，机械设备安全装置不齐全，每一处不符合要求扣 1 分		
		10. 各类脚手架搭设、基坑支护不符合规范要求，每处扣 2 分		
		11. 操作平台无安全防护措施或措施不当的，扣 2 分		
		12. 施工临边防护措施无或不可靠的，每处扣 2 分		
		13. 高空临边施工不符合安全要求的，每处扣 3 分		

续表

项目	检查方式	扣分标准	标准分	扣分
现场管理	查生产区	14. 现场管线保护措施不落实、不可靠的，扣 2 分	25	
		15. 审批制度和审批手续不齐全的，扣 2 分		
		16. 工地禁火区无明显标志，作业区、办公区、宿舍等部位未按规定配备足够有效的灭火器材的，消防应急通道不畅通的，每处扣 2 分		
		17. 工地及宿舍内乱接乱拉电线，违章使用电炉、电加热器，违章使用未经公安消防部门审核批准的液化气钢瓶的，每起扣 2 分		
		18. 运输建筑材料、垃圾和泥土等车辆，在驶出施工现场之前，未做好遮蔽、清洁等工作的，每起扣 2 分		
		19. 施工现场进行建筑残渣、废料清理、易产生粉尘污染作业时，未采取洒水、吸尘等防止扬尘措施或人员无有效应对措施的，每起扣 2 分		
		20. 基础施工泥浆水随意排放的，每起扣 2 分；基坑内积水严重的，扣 2 分		
		21. 城市内施工噪声不扰民，夜间施工要办理许可证并向社会公示，违反的每起扣 3 分		
		22. 城市内施工现场不洒水或不采取其他防止扬尘污染措施而直接清扫或作业时，扣 1 分		
		23. 噪声超标并受到投诉经查属实的扣 2 分，未办理许可证的扣 2 分，未向社会公示的扣 1 分		
		24. 施工完毕未做到工完料清，每处扣 2 分		
		25. 夜间施工照明不符合要求的，扣 2 分；主要路口缺少反光贴和警示标志的，每处扣 1 分		
		26. 偷工减料每次扣 10 分；严重的将按照安全事故进行处理		
		27. 材料、构配件、设备不合格仍继续使用的，每起扣 5 分		
		28. 主要设备与合同要求不符的，每台 / 套扣 1 分		
		29. 未按设计图施工，违反施工强制性标准，每项扣 5 分		
		30. 施工人员违章作业、野蛮施工未产生后果，每人次扣 0.5 分		
过程控制	检查相关资料	1. 各种会议、学习、检查记录、施工日志缺少每项扣 1 分；安全技术交底、量测资料规范齐全，缺少每项扣 2 分	30	
		2. 现场项目经理和专职管理人员未定期对现场安全、环境卫生、消防进行检查记录齐全的，扣 2 分		
		3. 无签约、考核、奖惩兑现的扣 2 分		
		4. 工厂制品无出厂合格证或质量证明文件，每批（台）次扣 1 分		
		5. 未经进场检验或检验不合格进场，每批次扣 1 分		
		6. 检验频次不足，每缺一次扣 1 分		
		7. 未对施工人员进行岗前教育（思想道德、法律法规、安全生产、文明行为、职业健康）培训、定期安全业务技能培训和考核，每项扣 2 分；有培训无考试或考试不合格的，每人扣 0.5 分；未采取职业病防治措施的，每项扣 2 分		
		8. 特种作业人员资格不符合要求的，每人扣 1 分；未持证上岗的，每人扣 1 分		
		9. 未对进场作业人员实行实名制登记的，扣 1 分		
		10. 作业人员的工作环境与生活条件不符合要求的，扣 2 分		
		11. 主要工序交接记录不真实的扣 3 分，缺失或不及时的扣 2 分		

安全工地检查评分记录表 表 11-12

项目	扣分标准	扣分标准（参照表11-11）		标准分	扣分
合计	小计			100	
	加减原因		加减分		
	考评最终得分：				
标准化评定意见			检查人员 （签字）	检查负责人： 检查组人员：	

项目名称： 日期：_____年____月____日

注：1. 安全工地检查评分表满分为100分，60分以下为不合格工地；60～80（不含）分为合格工地，需要大力整改，并由项目部管理人员组织复查；80～90（不含）分为安全工地，需要进一步提高，可由项目部管理人员组织抽查；90分及以上为安全工地，可不再组织复查。

2. 对评分发现的问题，在第二次检查时进行复查，若同样的问题重复出现，将按本表扣分标准的2倍扣分，以此类推。

11.11 安全施工检查通报表

开展施工安全检查，对检查发现的问题隐患应及时整改、复检，按流程填写施工安全检查通报及复检报告表。以港珠澳大桥岛隧工程某工区为例，施工安全检查通报及复检报告表，见表11-13和表11-14。

施工安全检查通报 表 11-13

港珠澳大桥岛隧工程第××工区×分区
××安全专项检查

检查时间：_____年____月____日
检查地点：
检查内容：
参检人员：_____

检查内容：存在的安全隐患、不文明施工现象及整改内容
1. ××××
整改措施：××××
整改时限：×年×月×日前整改完成
2. ××××
整改措施：××××
整改时限：×年×月×日前整改完成
3. ××××
整改措施：××××
整改时限：×年×月×日前整改完成

施工安全检查复检报告　　　　　　　　　　　　表 11-14

××年×月××日上午，针对×月××日（主语）特种设备专项安全检查下发的安全施工检查通报所提出的问题隐患整改情况进行了复查。

复查具体情况：

1. ××××；

2. ××××；

3. ××××；

4. ××××。

复查人：

分管领导：

中交股份联合体港珠澳大桥岛隧工程
第××工区×分区项目经理部
__年__月__日

第12章 改善措施类

12.1 活动改善提案制度

由于施工现场环境的不断改变，在实施 6S 管理过程中，必须根据现场变化不断调整和完善，6S 活动改善提案指南见表 12-1。开展 6S 管理的单位可依据该指南编制相适应的制度。

6S 活动改善提案指南   表 12-1

6S 活动改善提案指南
一、总则
1. 制定目的
为激发全员在 6S 改善提案活动中的主观能动性，挖掘其潜能，充分调动其工作积极性，树立全体员工的改善意识，特制定本制度。
2. 适用范围
凡本公司正式员工均可提交改善提案。
二、改善提案规定
（一）提案方式
1. 个人提案。任何员工均可以个人名义提出提案。
2. 团体提案。两人及以上以小组、班组、部门为单位提出提案。
（二）提案受理的内容
1. 凡对现场 6S 活动管理改善、安全有益的改善意见、发明，均可作为提案内容。
（1）操作方法的改善。
（2）作业程序或动作程序的改进。
（3）机械布置和工具的改善。
（4）质量的改善。
（5）成本的降低。
（6）原料的合理利用和节省。
（7）物料搬运的改善。
（8）工作环境的改善。
（9）意外事件的防止、预控。
（10）不良品、废品回收利用的改善。
（11）职业健康安全和环境卫生的改善。
（12）其他能为公司节约成本、提高工作效率、美化环境的改善。
2. 对现场 6S 活动管理改善、安全无益的意见、构想，不属于受理范围。
（1）非建设性批评。
（2）带有政治、民族、宗教色彩的问题。
（3）众所周知的事实。
（4）对他人有攻击倾向的提案。

续表

（5）与被采用的提案内容完全相同的提案。

（三）提案方法

1. 提案者以"提案改善表"或"提案改善报告"的方式提出。

2. 使用"提案改善报告"的方式，应详细填写必要的事项，若有附图、作业分解、样本、说明书等，均可以附件方式一并提出。

3. 在 6S 推行工作中，如果发现有对 6S 推行有较大改善作用的个案，可提交至班组或部门，班组和部门按本制度提出提案。

（四）评审方式

对改善提案采用随到随审的方式。

（五）评审流程

1. 提案者填写"提案改善表"或撰写"改善提案报告"。

2. 提案者将提案交给本班组或部门的领导进行初步审核，确认其可行性和实效性。

3. 初步审核结果提交至 6S 管理机构进行复审，并根据评审标准评审，择优选出并参考采用。

（六）提案奖励方法

1. 提案评审标准

提案评审的指标及所占比例，详见下表。

评审指标	实用性	必要性	创意性	成本
所占比例	40%	20%	20%	20%

2. 提案奖励标准

提案奖励等级及奖金，详见下表。

提案级别	一级	二级	三级	四级
分数	90 分以上	89~80 分	79~70 分	69~60 分以下
奖金（元）	600	400	200	100

（七）其他事项

1. 同一内容的改善提案以先提者为先，若为同时提出，则视为联名提出，奖金平分。

2. 同一改善提案由多人共同提出的，其奖金平分。

三、附则

本改善提案指南经各层领导审核，全员认可，项目经理核准后实施，修订或终止时亦同。

12.2　合理化建议书

施工现场 6S 管理合理化建议书见表 12-2。

合理化建议书　　　　　　表 12-2

提案人		所属部门		工号		日期		编号
建议类别	整理□ 整顿□ 清扫□ 清洁□ 素养□ 安全□ 其他□							
改善建议内容	问题点及原因分析			改善对策				
	问题点：							
	原因分析：			提出部门确认		实施部门确认		

续表

改善成果鉴定	改善前:						改善后:						

评价		得分										级别	评语	承认
		①	②	③	④	⑤	⑥	⑦	⑧	⑨	⑩			
	实施部门													
	改善推进													

12.3 不符合项纠正计划

为推动现场 6S 管理实施，防止不符合项长期发生，可制定不符合项纠正预防计划，见表 12-3。

不符合项纠正预防计划　　表 12-3

序号	不符合项	纠正预防措施	责任部门	责任人	计划完成日期	确认人	确认结果	备注

12.4 各部门（班组）问题点改善表

施工现场 6S 管理各部门（班组）问题点改善见表 12-4。

各部门（班组）问题点改善表　　表 12-4

	整理	整顿	清扫	清洁	素养	安全
上周问题点（个）						
整改个数						
整改率（%）						
考核评分						
本周问题点（个）						

12.5 "要"和"不要"清单表

整理阶段"要"和"不要"清单见表 12-5。

"要"和"不要"清单表 表 12-5

填报部门： 填报日期：_____年___月___日

类别	项次	规格	数量	要 / 不要	理由	区域	备注
机器							
模具							
原料							
半成品							
成品							
文具							
报表							
脚手架							
档案							

填报人： 初审： 复审：

参考文献

[1] 何文康，许小麦 .5S 实战锦囊 [M]. 广州：广东经济出版社，2002.

[2] 杨宏强 .5S 管理的概念、特点和实施 [J]. 科技与管理，2011，13（3）:101-104.

[3] 易树平，郭伏 .基础工业工程 [M]. 北京：机械工业出版社，2014.

[4] 毛超，李世蓉 .中国工厂化建造的关键驱动因素和路径 [J]. 重庆大学学报（社会科学版），2016，22（1）:74-81.

[5] 黄涛，张洪 .6S 管理在港珠澳大桥建设中的引入和实践 [J]. 中国港湾建设，2014（7）:70-72.

[6] 聂四生 .谈"工厂法"预制工厂安全文明施工管理 [J]. 项目管理，2017（22）:2717-2719.

[7] 聂四生，范国磊 .浅析预制工厂 6S 管理 [J]. 交通企业管理，2012，27（8）: 32-34.

[8] 陆文权 .6S 管理在建筑工程现场管理中的应用研究 [J]. 江苏科技信息，2015（32）:64-65.

[9] 古谷诚 .5S 入门 [M]. 东京：日刊工业新闻社，1986.

[10] 韦伟忠，王钧 .精益思想下水封石洞油库施工"6S"管理研究 [J]. 长江科学院院报，2014，31（4）:109-113.

[11] 大西农夫明，图解 5S 管理实务 [M]. 东京：中经出版，2011.

[12] 《建筑施工手册（第五版）》编委会 .建筑施工手册：第五版 [M]. 北京：中国建筑工业出版社，2012.

[13] 港珠澳大桥岛隧工程项目总经理部 .岛隧心录 [M]. 广州：花城出版社，2012.

[14] 林鸣，王孟钧，罗冬，等 .港珠澳大桥岛隧工程项目管理探索与实践 [M]. 北京：中国建筑工业出版社，2019.